吾輩は英語がぺらぺらである

ニッポンの偉人に学ぶ英語学習法

JN052011

Gakken

はじめに

　新渡戸稲造、夏目漱石、野口英世─彼らに共通する点がわかりますか。
それは、成人する前に海外への留学を経験することなく、日本にいなが
らにして、ネイティブ顔負けの英語力を身につけたことです。

　新渡戸稲造は、日常会話をすべて英語とし、日本語を使ったら罰金と
いうゲームを友人と行ったり、一日三つ新しい英単語を覚えれば２年で
英字新聞を読めるようになるという「一日三語主義」を提唱したりと工
夫を重ね、国際連盟事務次長を務めるほどの高い英語力を身につけまし
た。英文学を研究していた夏目漱石は、英文を方程式に当てはめるとい
う独自の科学的アプローチに挑みました。貧しい家庭に生まれた野口英
世は、学歴不足を補うために英語力を磨き、アメリカ行きのチャンスを
手にしました。

　ほかにも、大隈重信、伊藤博文、芥川龍之介など、英語学習で一定の
成果を挙げていた偉人はたくさんいます。政治や文学の世界で彼らが残
した功績は歴史の授業で習いますが、英語学習に苦労していたという話
は、意外と知られていないかもしれません。

　本書は、そんな日本の偉人30人が実践した英語学習法をまとめたも
のです。彼らが生み出した独自のメソッドを体験したり、彼らが読んだ
英文や書いた英文を味わったりする「やってみよう」というコーナーも
設けています。「例文の主語や時制を入れ替えて繰り返し暗唱する」「単
語に分解するのではなく、一つの意味のまとまりのある熟語として覚え
る」など、現代の英語教育でも効果が実証されているメソッドがある一
方で、「アルファベットの発音をカタカナで覚える」「辞書をまるごと書

き写す」など、現代では賛否がわかれるようなメソッドもありますが、あえてそのまま紹介しています。それは、十分な教材やサービスがなかった時代に、偉人たちが苦悩しながら歩んできた道のりを、皆さんに体験してもらいたいからです。そして、立身出世のため、憧れの英文学を読めるようになるため、世界に日本の文化を紹介するため─それぞれの目的意識を持って、未知なる言語習得に挑んだ彼らのパッションを、皆さんに感じてもらいたいからです。

30人の偉人の中には、遭難時にアメリカの捕鯨船に助けられ、そのまま渡米したジョン万次郎や、幼少期のほとんどをアメリカで過ごした津田梅子など、英語学習に有利な環境で育った人物も一定数います。しかし、そういった例外的なケースを除いて、多くの偉人が置かれていた環境と、今日の日本を比べたら、今のほうがはるかに英語を習得しやすい環境であるはずです。彼らにできて、私たちにできないと弱音を吐くことは許されません。

さあ、30人の個性豊かな偉人による英語教室の扉を開きましょう。「こんなやり方、意味あるの!?」とツッコミたくなるような学習法もたくさんありますが、お札や教科書に載っている偉人たちも、そうやって時に失敗しながら、地道な努力を重ねて英語を習得していきました。この本が、英語学習に励むあなたの支えとなることを願っています。

『吾輩は英語がペラペラである』制作チーム一同

もくじ

みんな知ってる
この人も
英語を
学んでいた！

オランダ語を学び
西洋に負けない国をめざした武士

勝海舟

幕末の武士・政治家。咸臨丸の艦長として渡米。帰国後は坂本龍馬らを門下生に迎え、神戸海軍操練所の建設を進めた。戊辰戦争では薩摩藩との厳しい交渉を切り抜け、江戸城の無血開城を実現した。

辞書を書き写してオランダ語をマスター!?

　現代の日本では生まれや職業が異なる者同士でも問題なく意思疎通ができますが、明治時代に標準語政策が敷かれるまではそれがままならない状態であったことをご存じでしょうか。身分制度の影響で職業による言語差があったほか、藩ごとに使われる言語が異なっており、藩同士のやりとりには通訳を必要とするほどだったのです。武士のあいだでは共通語として武家言葉も使われていましたが、東国の武士と西国の武士の会話が成り立たず、謡曲を使って会話をするケースも見られたのだとか。

　海舟の父親は江戸の下町の旗本でしたが、役職を持っていなかったため、海舟一家は庶民に近い生活を送っていたといいます。そんな海舟が話していた言葉とは「べらんめえ調」のこてこての江戸語だったそうです。

　海舟が生きた時代には、江戸語がかなり浸透していました。しかし、医者や学者などの職業を持つ人たちは言葉づかいに保守的であり、京都や大坂で使われる上方語風の言葉を話し、また遊廓へ行けば遊女たちは

「ありんす調」の独自の言葉を話していたといわれています。現代の日本とは異なり、**日本全国に共通する言語というものが、江戸時代には存在しなかった**のです。

東京大学が2021年3月に発表した研究によると、三言語以上の習得経験を持つ多言語話者のほうが、二言語話者よりも新たな言語を習得するときの脳の活動が活発になることがわかっています。統一された言語がなく、多様な言語が使われていた当時の日本は、外国語習得には比較的有利な環境だったのかもしれません。

海舟も、江戸語や上方語に触れる中で培った語学の素養を、オランダ語学習において発揮しました。元々は剣術に励んでいた海舟ですが、永井青崖
せいがい
に師事して西洋の兵術を学ぶ中で、オランダの大砲に興味を持ったことをきっかけに、本格的にオランダ語を勉強するようになります。

日本にいながらにして海舟が実践した驚きの学習法が、**全部で58巻もあった蘭日辞書『ヅーフ・ハルマ』をひたすら書き写す**ことでした。当時、外国語の辞書は大変高価な貴重品で、貧しかった海舟は辞書を購入することはできませんでした。そこで、知り合いから辞書を借り受け、1年がかりで2部書写。1部を売って借り賃を返し、もう1部を手元に残したといいます。

こうしてオランダ語を習得した海舟は、オランダの海軍提督キンスベルゲンが書いた『舶中備要』を原書で読みました。ペリーが来航する半年も前にこれを読み終えた海舟は、本に書かれていた「世界の中のオランダ」という視点を「世界の中の日本」に置き換え、国防について考えを巡らせていたそうです。

海軍伝習所では脱落者が続出

海舟は27歳で東京・赤坂に氷解塾（ひょうかいじゅく）と呼ばれる蘭学塾を開き、オランダ語を教えるようになります。ちょうどそのころ、ペリー来航を目の当たりにした海舟は、国防強化を提案する意見書を幕府に提出。これが幕府の目に留まり、長崎の海軍伝習所で生徒監（生徒代表）として学ぶチャンスを与えられまし

た。海軍士官養成のため設立された伝習所には、海舟のほかにも、幕臣や諸藩の藩士から選抜された生徒が集まっていました。

伝習所の講義は大変厳しいものでした。**オランダ人の教官が黒板に書いた言葉をひたすら暗唱することが求められた**のです。講義中は板書をノートに書くことは許されませんでした。というのも、実際に国防の最前線では、船上でオランダ人と会話をすることが求められます。オランダ人が発した言葉を、揺れ動く船の上で書き取ることは不可能ですし、そもそも、難なく会話をこなせるレベルでなければ実務に携われません。**板書を暗唱した翌日は、板書なしでの講義が行われた**のだそうです。**これに耐えきれず、脱落していく生徒も多かった**のだとか。

一方、独学で『ズーフ・ハルマ』を筆写し、蘭学塾で教えていた海舟には、十分なオランダ語のスキルが備わっていました。**伝習所での講義の合間にはオランダ人の教官との雑談を楽しんでおり、「聞く」能力が鍛えられていたので、講義も余裕だった**ようです。

通訳を脅迫!?

　海舟は長崎の海軍伝習所で約４年間、研鑽を積んだと伝えられています。生徒代表を務めていた海舟は、オランダ語がペラペラであり、航海の経験も豊富であったことから、生徒たちから慕われていました。

　それに対し、２代目所長に就任した木村喜毅は、オランダ語もしゃべれなければ、航海経験も乏しい指導者でした。裕福な旗本の家に生まれ、若くして要職を歴任する喜毅、かたや極貧生活から努力で這い上がってきた海舟。伝習所の生徒たちが遊廓に行くことを取り締まる喜毅と、そんな細かいことは気にするなという海舟。水と油のような二人のあいだには軋轢があったといわれています。

　二人の対立を物語る、こんなエピソードも。喜毅がオランダ人と話す際に、海舟はその通訳に喜毅の悪口を言ったのだとか。なかなかオランダ語に訳そうとしない通訳に、海舟は**「訳さなければ、己が片言で言うてしまうぞ」**と脅す始末。その通訳は海舟を恐れ、それ以来海舟の前に姿を現さなくなったそうです。

　海舟は、伝習所の教師団の指導者であるカッテンディーケとは、良好な関係を築いていたといいます。カッテンディーケも権威主義的な喜毅

を好んでいなかったようですが、オランダ語がわかり、責任感が強く、明朗な海舟には信頼を寄せていました。海舟はカッテンディーケと触れ合う中で、キリスト教に対して寛容な気持ちを示し、開国への意向を固めていきました。

散歩で脳を活性化！

散歩をすると、よいアイデアがひらめき、仕事や勉強が一気に捗ることがあります。iPhoneの生みの親であるスティーブ・ジョブズも、散歩を習慣的に行い、脳を活性化させていたそうです。

海舟もまた、散歩を習慣としていた一人でした。**伝習所時代に教官から「時間があるときには散歩をするのがよい」と教わった海舟は、長崎から江戸に戻ったあともこれを実行しました。**日常的に散歩をしていたからこそ、脳が活性化され、語学や新たな知識の習得につながったのは間違いないでしょう。また、西郷隆盛率いる軍が江戸に攻め入り、江戸の町を焼き払おうとしたとき、茶屋の女将から情報を収集するなどして、不穏な動向にいち早く気づくことができたのも、日ごろの街歩きの経験があったからだともいいます。

散歩に限らず、海舟は周囲の助言を聞いてすぐ実行に移す人物でした。例えば、将軍・徳川家茂の海路での上洛にあたり、責任者を任せられた海舟は、不眠不休で指揮をとり続け、将軍一行を大坂まで無事に送り届けるという任務を全うしましたが、そのときの対応も長崎で見聞きした話をもとにしたものでした。海舟は師に恵まれただけではなく、熱心に助言を聞いて行動したからこそ、数々の成果を残すことができたのです。

英語学習も同様です。いくらすばらしい教師のもとで英語を学んだとしても、学びっぱなしではいけません。海舟のように、学んだことを実行に移して初めて英語力が向上するのです。

讃美歌の替え歌、はじめました

　卒業式の合唱曲や閉店時のBGMとして知られる『蛍の光』。元々は讃美歌であることはご存じでしょうか。そのほかにも、童謡『むすんでひらいて』やヨドバシカメラのCMソングなど、今や讃美歌をモチーフに作られた歌は日本中に溢れています。

　そんな日本における讃美歌の替え歌ブームの火付け役となったのが、海舟でした。**海舟は、当時流布していたオランダ語の讃美歌『ローフ・デン・ヘール』から、以下の『なにすとて、やつれし君ぞ』の詩を生み出した**と伝わっています。以下はいくつかの詩篇の要約ないし翻案ですので、讃美歌のどの部分に対応しているかは不明とされています。

　　なにすとて　やつれし君ぞ
　　哀れその、思ひたはみて、
　　いたづらに、我が世を経めや、
　　　　　引用：手代木俊一『日本における讃美歌』日本キリスト教団出版局 2021
　　現代語訳：なぜ（神よ）あなたは痩せ衰えてしまったのか。
　　　　　ああ私はどうして、心くじけて、
　　　　　無為に、日々を過ごしてしまったのだろうか、

　三男・梶梅太郎の妻、クララ・ホイットニーの日記によると、海舟は自分の屋敷に教会を持っており、いずれクリスチャンになるだろうという噂が流れていたそうです。キリスト教が禁教とされる当時の日本において、海舟は翻案にして原詩を特定しづらくしながらも、『なにすとて、やつれし君ぞ』の詩を通じて密かに信仰を告白していたのかもしれません。

勉強嫌いを克服し
学問の啓蒙書を出版！

福沢諭吉

啓蒙思想家・教育家。幕末に『西洋事情』を発表し、明治維新に貢献。『学問のすゝめ』は教科書にも採用され幅広く読まれた。「自由」「平等」「権利」の尊さを説き、慶應義塾（現在の慶應義塾大学）を創設した。

勉強なんて大嫌い！

諭吉の有名な言葉に「天は人の上に人を造らず、人の下に人を造らず」があります。『学問のすゝめ』の冒頭に記された言葉であり、「人間は生まれながらに平等であって、貴賤や上下関係によって差別されてはならない」ということを意味します。これは父親である福沢百助の影響を受けて生まれたものでした。

諭吉は1835年、大坂で5人きょうだいの末っ子として生まれました。父親の百助は足軽より格上の身分ではありましたが、下級武士に過ぎず、貧しい生活を強いられていました。

当時の日本は「家老の家に生まれた者は家老になり、足軽の家に生まれた者は足軽にならなければならない」という封建的な制度に縛られていました。その制度に異を唱えていた百助は、諭吉が生まれたときに「十か十一になれば寺にやって坊主にする」と言っていたのだとか。百助は諭吉が生まれて間もなく亡くなりましたが、生前諭吉の母親にそのことを話しており、諭吉は母親を介してその言葉を知ったそうです。

　父親の期待に応えるには、当然学問に励まなければなりません。ところが、兄や姉は7、8歳のころから習い事を始めたのに、諭吉は根っからの勉強嫌いで、全く勉強する気が起きなかったのだとか。**14歳のころ、近所の子が本を読んで勉強しているのを知り、「このままではまずい」と思ったのでしょう。ようやく地元の漢学の塾に通い、当時教養として身につけるべきとされていた中国語を勉強する気になった**そうです。

　語学はなるべく早い時期に始めるのがよいといわれています。ではなぜ、出遅れとも言える諭吉が中国語を身につけることができたのでしょうか。

　その答えは日本の歴史にあります。古代に伝来した儒学と、諭吉をはじめ江戸の知識人のあいだで好まれた儒学は性質が異なります。江戸幕府が推奨した儒学は日本化されたものであり、江戸時代に出回った儒学書に書かれている言葉も、「唐話」と呼ばれる、唐通事（中国語の通訳者）が話す言葉をベースに、**日本人向けにつくられた中国語**でした。当時は基本的に日本語訛りの中国語が使われていたのです。

　現代の語学ではとにかくネイティブ並みに話したり書いたりすることが求められます。その結果、語学のハードルが高くなり、上達が妨げられてしまいます。

　当時の中国語は日本人向けに最適化されていたからこそ、諭吉をはじめとする江戸の知識人たちは中国語を嗜み、武器とすることができたのです。

お気に入りの漢書は何度もリピート

『学問のすゝめ』や『西洋事情』などの本を著した諭吉も、昔から本を好んで読んでいたわけではありませんでした。むしろ本が大嫌いで、これは14歳になるまで学問に励まなかった理由とも関係しています。

諭吉が通っていた漢学者の白石照山（しょうざん）の塾では、『詩経』や『書経』を中心に、『孟子』、『論語』、『老子』、『荘子』、『蒙求（もうぎゅう）』、『戦国策』などの古代中国の書物を読むためのレッスンが行われていました。古代中国史に興味を持った諭吉は、自ら進んで『前漢書』や『後漢書』、『晋書』などの歴史書を読み漁ったといわれています。

中でも諭吉にとってのイチオシは『春秋左氏伝（さきゅうめい）』。左丘明によって書かれた、春秋時代の政治や外交などにまつわる説話集です。その漢書は全部で15巻ありましたが、**たいていの生徒が3、4巻ほどでギブアップしたのに対し、諭吉はすべて一通り読んだ**そうです。それどころか、**11回読み返しては、面白いと思った部分を暗記した**のだとか。こうして、諭吉は夢中になれるものに出会えたことがきっかけで、本嫌いを克服し、中国語のスキルを見る見るうちに上達させていきました。

これは英語学習においても同じです。いろいろな教材を試すことも大事ですが、諭吉のように、一つの教材を徹底的にやり込むことで、本に出てくる語彙や表現をモノにすることができるのです。

師匠に負けてたまるか！

　諭吉の脳裏には常に**「天は人の上に人を造らず、人の下に人を造らず」**の言葉がありました。勉学に励めば、人間の身分の違いを埋められるということを信じていた諭吉は、漢学塾でも先生に負けまいと必死に勉強していました。

　当時、藩校などでは漢文を学ぶのに「素読」という方法がとられていました。「素読」とは、意味の解釈を加えず、ただ声に出して暗唱する学習法。これを逆手にとって、「意味を理解すればどんなに偉い先生にも勝てるだろう」と考えた諭吉が、独自に編み出したのが**「意味を理解しながら読む」**という方法でした。

　結果的に諭吉のその策略は思いどおりに運んだようで、**午前に素読を教わった先生と、午後に漢文の読みで対決をしては、そのたびに先生を負かしていた**のだとか。

　語学においては、自然に湧き出る心理的な欲求に基づき行動することが重要で、それによってモチベーションが持続し、成功率が高くなるといわれています。諭吉の場合、負けず嫌いな性格が語学を続ける動機となり、結果として師匠を上回るほどの語学力の獲得につながったのです。

　諭吉はのちにオランダ語や英語を学ぶ際にも全く同じ学習法を適用しました。もちろん、原書でつまずくこともありました。そんなとき、**とりあえず30分間は辛抱強く無言で考えるようにすると、意味が自ずと見えてきた**のだとか。こうして、諭吉はオランダ語と英語を上達させていきました。

とにかく書いて覚える！

　幼くして父親を亡くし、母親によって女手一つで育てられた諭吉は、貧乏な生活を強いられていました。そんなある日、諭吉は兄から以下の言葉を告げられます。

　原書というはオランダ出版の横文字の書だ。いま日本に翻訳書というものがあって、西洋のことを書いてあるけれども、真実に事を調べるにはその大本の蘭文を読まなければならぬ。

引用：福沢諭吉・著／富田正文・校訂『新訂 福翁自伝』（岩波文庫）岩波書店 1937

　漢書を学んでいるときは、クラスメートの中では出来がよかったこともあり、オランダ語への興味が自ずと芽生えた諭吉。長崎へ行けば、原書が手に入ります。オランダ語を本格的に学ぶために、長崎に行くことを決心するも、諭吉にはそんなお金はありません。そんなとき、手を差しのべてくれたのが、漢学塾でお世話になった前述の白石照山でした。漢学者でもあった父が遺した蔵書を照山に15両で買い取ってもらった諭吉は、そのお金を手にし、長崎へと出向きました。

　ただし、手持ちのお金には限りがあります。諭吉は原書がたやすく手に入る長崎のオランダ砲術家の自宅に居候をしたり、知り合いから本を借りたりしながらオランダ語を学んだようです。例えば200ページ余りあるオランダ新版の築城書を知り合いから借りてきたときには、**まず数日間ほぼ徹夜で必死に書き**

写し、それからオランダ語を知っている蘭学医の先生とできあがったものの読み合わせをしながら、オランダ語を上達させていきました。

　語学では、五感を刺激しながら学習することで、知識が記憶により定着しやすくなるといわれています。諭吉が実践したオランダ語学習法は、**文字を見て、紙に書き、そしてそれを声に出して読む**という方法でした。それにより、視覚や触覚、聴覚が刺激されるので、知識を記憶に定着させるにはうってつけの方法と言えます。実はこれ、歴史的にも効果が証明された方法だったのです。

　諭吉にとってオランダ語は異質な言語でしたが、古代の人たちにとってのそれは大陸から入ってくる漢字。そして、古代の人たちが漢字を覚えるために実践したのが、**木簡や土器に歌を書き、それを読む**という方法でした。

　そもそも日本の漢字は発音と意味の両方の情報を持っており、こうしたタイプのものは全体の8割を占めています。ここで、「固」「故」「姑」「胡」という漢字を例に考えてみましょう。いずれも「古（コ）」という発音に関する情報に加え、「乾いて固い」という意味に関する情報を持っています。古代の人たちは、漢字を木簡や土器に記しながら、発音と意味を同時に習得していったとされています。

　ところで、英語はどうでしょうか。例えば同じ「li」でも、「little」ではその発音は「リ」であるのに対し、「light」は「ライ」と発音されます。また、これらは意味の異なる単語です。たとえ英語の綴りを理解できても、発音や意味の理解には及びません。漢字とは違って、英語の綴りを書いて、同時に発音や意味をマスターするのは難しいのかもしれません。

わからなかったら人に聞け！

長崎や大坂でオランダ語を学んだ諭吉は、開港したばかりの横浜へ見物に訪れます。ところが、諭吉のオランダ語は全く使い物になりませんでした。というのも、横浜に居留する外国人の多くは英語を話していたのです。**「落胆している場合ではない。これからは英語の時代だ！」**と奮起した諭吉は、早速英語を学び始めました。

慶應義塾を創設した諭吉も、私たちと同じ人間です。最初からパーフェクトに英語を理解できたわけではありません。特に発音が苦手だったので、外国人に英語を習った子どもが長崎から来たと聞くと、その子どもをつかまえて発音を学んだそうです。

ただ、諭吉の質問には少し意地悪なところもありました。人が読み間違えそうな場所をわざとピックアップし、わからないふりをしてその読み方を尋ねては、学者と称する先生が読み間違える様子を笑っていた、という逸話もあります。

英語上達の秘訣は、とにかく苦手な箇所をつくらないことです。諭吉がとった方法をそっくりそのまま真似する必要はありませんが、わからないことがあったら、積極的に人に聞いて疑問をなくしておくことは見習うべきかもしれませんね。

原書で授業をしたら日本語が読めなくなる生徒も

　オランダ語と英語は語彙や文法の面で似ており、系統的にはどちらも西ゲルマン語群の低地ゲルマン語派に属します。横浜で購入した蘭英の会話書や辞書とにらめっこする中でそのことを知った諭吉は、**英語で書かれた部分をオランダ語に翻訳しながら英語を身につけていきました。**

　そもそも1858年、諭吉が江戸築地鉄砲洲の中津藩中屋敷内（現在の東京都中央区明石町）に設立した慶應義塾は、蘭学塾として開校したのが始まりでした。それから2年後、諭吉は勝海舟やジョン万次郎らとともに咸臨丸に乗り込み渡米。帰国後は英語と中国語の対訳の単語集『増訂華英通語』の刊行をきっかけに、慶應義塾を英学塾へと切り替えました。

　諭吉が展開した英学の授業は「**原書を読み、その意味を理解する**」という、まさに自身が経験した方法に則ったもの。その方法で生徒の英語のスキルは確実に上達したようですが、なにぶん英語ばかり読んでいたことが仇となり、日本語の手紙が読めなくなる生徒もいたのだとか。

　ノンネイティブが外国語を学ぶときには、あらかじめ土台となる母語の文法をしっかり身につけるべきだといわれています。諭吉の場合、日本語の文法を軽視したことが英学の授業の失敗につながってしまったのかもしれません。

THE GREATS

1838〜1922年

イギリス公使にも一目置かれた
国民的政治家

大隈重信

佐賀藩に生まれ、幕末には尊王攘夷派の志士として活躍し、明治政府の中心人物に。日本初の政党内閣をつくり、内閣総理大臣を2回務めた。東京専門学校（現在の早稲田大学）の創設にも寄与した。

西洋化が進む佐賀で生まれ育つ

　ペリー来航をきっかけに、日本は西洋列強に負けない強い国をめざし、西洋化を推し進めました。西洋文化をいち早く取り入れた場として、当時攘夷運動が盛んであった長州藩や薩摩藩を思い浮かべる人は多いことでしょう。ところが、**幕末において西洋化が最も進んでいたのは、長州藩でも薩摩藩でもなく、佐賀藩だった**といわれています。

　ペリー来航による開港要求は、江戸幕府にとっては防衛上の問題が露呈した出来事でもありました。そこで、老中の阿部正弘は、佐賀藩の江戸留守居（諸藩の江戸屋敷に置かれた役職）を呼び出し、鉄製の大砲200門を至急納入できるかどうか尋ねました。佐賀藩の鍋島家といえば、実用的な鉄製の大砲を自ら製造・配備していた唯一の藩主でした。薩摩藩や水戸藩でさえも青銅砲の試作で手いっぱいで、さらに難易度の高い鉄製の大砲は不可能であったようです。

　当時の日本では、老中以下の譜代大名と上級幕臣が国政の実権を握っていました。通常であれば、ペリーの要求にも彼らが責任を持って対処

するべきだったところを、そのときばかりは前代未聞の出来事だったのでしょう。幕府は国政の実権から外れていた家門大名や外様大名、さらには藩士以下の武士にも対策を求めるという異例の対応に出たのです。

　多くの大名が「アメリカの要求は聞き入れがたいが、衝突は避けたい」という、どっちつかずの回答をする中で、**長崎の警備に携わっていた佐賀藩主の鍋島斉正（のちの直正）は開国を容認する考えを示しました。**以上のような事情もあって、佐賀藩は幕末の緊迫した状況の中でいち早く西洋化を実現した藩となりました。

　佐賀藩士の家で生まれ育った重信は、6歳のときに藩校である弘道館に入学しました。優秀な成績を修めるものの、儒学を中心とした保守的な教育に反発した重信。1854年に日米和親条約が締結され、国の行く末を語り合う場として、義祭同盟という若者の結社が設立されたときには、迷うことなく結社に加わったといいます。しかし、蘭学派と儒学派の分裂による騒動の首謀者とされた重信は、17歳で退学処分を受けました。

　それを機に蘭学に転向し、長崎で致遠館という塾を設立。西洋の言語や文化を学ぶ傍ら、尊王の志士として活動し、29歳のころには、時の将軍・慶喜に大政奉還を勧めるため、脱藩して京都に向かいます。その後重信は新政府の中心人物となりますが、そのルーツは、西洋化が進んでいた故郷・佐賀にあったのです。

テキストはアメリカの憲法と新約聖書

重信は致遠館で恩師と呼べる人に出会います。1858年、致遠館に招聘されたオランダ出身の宣教師・フルベッキです。**オランダ語や英語に加え、ドイツ語やフランス語も堪能だったフルベッキは、日本語の独習にも熱心でした。**英語学習につまずいたとき、重信の母語である日本語でサポートしてくれる教師がそばにいたことは、重信にとって幸運だったといえるでしょう。

　フルベッキは英語を教えるにあたり、アメリカ合衆国憲法と新約聖書をテキストとしていました。のちに重信は、薩長出身者を中心とする明治政府に対して「選挙で国民から選ばれた議員が議会政治を行うべきだ」と主張し、国会開設に備えて立憲改進党を立ち上げます。このときにモデルとしたのはイギリスの議院内閣制ですが、フルベッキのもとで学んだアメリカの憲法も、少なからず影響を与えたに違いありません。また、当時重信は、フルベッキが感心するほどに、聖書を熱心に研究していたといいます。後年重信が力を入れる慈善や教育の活動には、フルベッキや聖書の教えが息づいていたのでしょう。

　重信とフルベッキの交流は続き、重信が創設した早稲田大学でも、フルベッキを建学の祖として讃えているそうです。

❶ アメリカ合衆国憲法で重信が最も衝撃を受けたのは「国民が大統領を選ぶ」という部分だったといいます。当時の憲法の第2章第1条の一節を読んでみましょう。

But in choosing the President, the votes shall be taken by states, the representation from each state having one vote; a quorum for this purpose shall consist of a member or members from two-thirds of the states, and a majority of all the states shall be necessary to a choice.

引用：The U.S. National Archives and Records Administration "The Constitution of the United States: A Transcription" NATIONAL ARCHIVES
https://www.archives.gov/founding-docs/constitution-transcript
※1804年6月15日に承認された修正案から抜粋。

日本語訳：ただし、大統領を選出する場合には、投票を州単位で行い、各州の代表が1票を投じるものとする。この目的のための定足数として、全州の3分の2の州から1名または2名以上の議員が出席することを要し、大統領は全州の過半数をもって選出されるものとする。

❷ 重信は総理大臣を辞めたあと、アメリカ人宣教師ベニンホフに、キリスト教の精神に則った学生寮・友愛学舎（現在の公益財団法人早稲田奉仕園）の設立を要請しました。友愛学舎の舎章に採用された、新約聖書「ヨハネによる福音書」の第15章第13節を読んでみましょう。

Greater love has no one than this: to lay down one's life for one's friends.

日本語訳：友のために自分の命を捨てること、これ以上に大きな愛はない。
（聖書協会共同訳）

イギリス公使を言い負かす!?

　1868年、30歳の重信は、フルベッキのもとで培った英語力を買われ、長崎で外国事務局判事の職に就きます。そのころ、明治政府が行っていたキリスト教徒への弾圧政策に対して、イギリス公使のパークスから強い抗議がありました。これに対して手をこまねいていた明治政府は、英語が話せてキリスト教にも詳しい重信を交渉役に選びます。パークスは「こんな身分の低い者は相手にできない」と激怒しますが、**重信は「一国の代表者である私と話したくないと言うのなら、抗議は全面撤回とみなす」と言い返し、さらにはパークスの要求は「国際法で禁じられた内政干渉」だとして突っぱねました。**

　このとき重信は、キリスト教徒を逮捕することは不当であると知っていました。しかし、政府代表としての矜持を持ち、「神道や仏教が深く根を下ろす日本で、一挙にキリスト教を解禁すれば混乱を招く」、「外国の言いなりになって内政を行うべきではない」と主張し、半日に及ぶ粘り強い交渉を行ったのです。

　のちに日本ではキリスト教が解禁され、信教の自由が認められることになりますが、**パークスは重信の資質に一目置き、「日本に大隈あり」と残した**といいます。この出来事は重信が政界の中心に躍り出るきっかけともなり、パークスはその後の重信の活躍を支えました。重信は後年、外務大臣として諸外国と対等に渡り合い、不平等条約の改正にも奮闘します。

日本で初めての始球式

　1881年、薩摩出身の政府要人が同じ薩摩出身の実業家に、国有施設を安価で払い下げるという噂が流れ、その噂を流したとされる重信は、政府を去ります。これが明治十四年の政変です。その翌年、次世代を担う人材育成のため、重信が創設したのが東京専門学校、現在の早稲田大学です。

　当時、数ある私立学校の中で、東京専門学校は独自の考え方を持っていました。その一つが、日本語による講義です。東京大学や多くの私立学校では、洋書を使って外国語で講義を行うのが一般的でした。ところが重信は、**人材育成が急務な時代において、外国語の習得に時間を費やすよりも、学問そのものに接することが重要だ**と考えたのです。とはいえ、日本語で書かれた教科書は少なかったため、のちに早稲田大学初代学長となった高田早苗が欧米の政治・経済・法律書を自ら翻訳するなどして、『早稲田叢書』というオリジナルの教科書が作られました。

　その後、重信は伊藤博文の要請で外務大臣として政治に復帰し、暴漢による襲撃で右足を失うも、2回総理大臣を務めます。

　重信といえば、こんなエピソードも。1908年、**アメリカの選抜チームと早稲田大学の野球部の親善試合に先立ち、マウンドに立って最初の1球を投げます。**これが日本で初めての始球式だといわれています。重信の球はストライクゾーンから大きくそれてしまいましたが、早稲田大学の打者は総長に恥をかかせまいと、わざと空振りしてストライクにしたのだとか。早稲田の学生をはじめ、多くの国民から愛された生涯でした。

英語はしゃべれなくても
アメリカ人に愛された実業家

渋沢栄一

パリ万博使節団の一員に抜擢され、徳川慶喜の弟の昭武（あきたけ）に随行した。帰国後は大蔵省に入省。「道徳経済合一説」の思想のもと約500社の企業経営に関与した。「日本資本主義の父」と呼ばれる。

1か月でフランス語をマスター

「日本資本主義の父」として約500社の会社経営にかかわった栄一も、当初は尊王攘夷に燃えていました。高崎城の乗っ取りや横浜の外国人居留地の焼き討ちを企てるなど、穏やかな表情の肖像写真からは想像できないほどに血気盛んだったのです。

そんな栄一の人生を大きく揺るがした出来事が、1867年のパリ万国博覧会でした。栄一が当時仕えていた将軍・徳川慶喜から「弟の昭武といっしょにパリ万国博覧会を視察し、4、5年はそのまま留学予定なので現地で面倒も見てほしい」とのオファーがあったのです。栄一は尊王攘夷論者だったにもかかわらず、西洋文明をその目で見たかったのか、速やかに提案を引き受けました。

これは栄一にとって、初めての異国への旅でした。日本の住居よりもはるかに豪華な船内設備、見たことのない食事…パリへ渡る船の中でさえ、驚きの連続だったといいます。**「西洋文明を知るにはまず外国語を習得しなければならない」** と考えた栄一は、早速船の中で文法書を手に

フランス語を学び始めたそうです。フランス語が話せる通訳・清水卯三郎も同行しており、いっしょに漢詩を作る間柄であったことから、卯三郎からもフランス語を学んだのでしょう。

とはいえ、心のどこかに「フランス語がしゃべれなくても、オランダ語が多少通じるかもしれない」という思いがあったのかもしれません。鎖国中の日本において、唯一学ぶことが許されていた外国語がオランダ語だったのですから、そう思うのも無理はありません。ところが、いざパリに到着してみると、オランダ語が全く通じないのです。当時、欧米で国際語として認められつつあった英語も、フランス人は受けつけない始末。たとえ英語がわかっていても、英語では返事をしないという徹底ぶりでした。誇り高いフランス人は、ありとあらゆる外国語を嫌っていたのです。

「このままではいけない！」と思った栄一は、幕府から宿舎に指定されたホテルとは別に、**アパートの一室を借り、フランス人の講師を雇ってフランス語を集中的に勉強しました。** 1か月が経つころには日常会話ができるようになっていたそうです。

パリ留学中は幕府から毎月5,000ドルが支給されていました。栄一は倹約に勤しみ、浮いたお金でフランスの公債証書と鉄道債券を購入し、そのお金をさらにやりくりする中で、会社というものが公債によって成り立つことを初めて知ったといいます。フランスの資本主義システムに興味を持った栄一は、経済の仕組みを勉強しながら、フランス語の腕を上げていきました。

修験者をブッタ斬り！

栄一は「迷信嫌い」だったことでも知られています。栄一が15歳だったある日のことです。5歳上の姉の結婚が決まった矢先、嫁ぎ先の人が突如**「渋沢家に御先狐（関東地方に伝わる狐の憑き物）が棲みついている」**と言い始め、縁談が取り消しになったのです。栄一の姉は病気がちであり、その原因は祟りに

あると、根拠のない疑いをかけられた渋沢家は、修験者に頼んで祈祷をしてもらうことにしました。

渋沢家を訪れた修験者が神のお告げを聞いたところ、昔お伊勢参りに行って帰れなかった者が無縁仏となっているのだとか。疑問に思った栄一が無縁仏が現れた時期を尋ねると、修験者は「5、60年前」と答えました。続けざまにその年号を尋ねたところ、修験者は「天保3年」と言うのです。天保3年は23年前であり、辻褄が合わないことに気づいた栄一は**「無縁仏の有無を知るほどの神さまが年号を間違えるはずはない。そんな神さまは信じられない」**と反論しました。さらにバトルは続き、「野狐がやってきて、いたずらをしたのだろう」という修験者の言葉に対し、栄一が「野狐が言ったのなら余計に信じられない」と言い返したところ、修験者はすっかり黙り込んでしまったそうです。

栄一には日本社会にはびこる迷信を疑い、本質を見抜く力がありました。だからこそ、合理性を重視する欧米社会に溶け込み、企業人として世界を股にかけ活躍することができたのです。

世界で活躍するヒケツは「謙遜しすぎないこと」

栄一はフランス語を多少話すことはできましたが、英語のほうはさっぱりでした。**「訛りっぽい英語を話すより、忠実な通訳を介したほうがまどろっこしくても意思や愛情は伝わる」**と言っていたくらいですから、そもそも英語の習得には積極的ではなかったのでしょう。

栄一は69歳のとき、渡米実業団を組織し、団長としてアメリカに渡りました。その際には、**英語をしゃべれない代わりに、アメリカ人の文化や価値観を理解すべく、主要都市をくまなく歩いて回った**といいます。栄一が驚いたのは、アメリカ人が日本人のような謙遜をしないこと。現地のアメリカ人から「僕の妻は非常に美人です」といった自慢話を聞かされるたびに、日本人の根幹を成す『論語』の教えが脳裏に浮かんだそうです。

日本人は他人にモノを勧めるとき、「ごくつまらないものですが、召し上がってください」と言います。礼を重んじて謙虚に振る舞うことは日本人の美徳ではありますが、謙遜のしすぎは時に自分の価値を下げてしまいます。アメリカ人の価値観に触れた栄一は、自分であれば**「これは私が心をこめてこしらえたものですので、お口に合わないかと思いますが、召し上がってください」**

と言うだろうと考えました。

栄一は外国人と接しても、自らを卑下することはありませんでした。強い意志とプライドがあったからこそ、江戸、明治、大正、昭和…と激動の時代を生き抜くことができたのです。

アメリカではワシントンに並ぶ偉人に認定！？

1900年代初頭、アメリカでの日本人移民排斥運動をめぐり、日米関係は冷えきっていました。安い賃金で長時間働く日本人移民がアメリカ人の職を奪っているとして、アメリカでは排日の機運が高まっていたのです。日本国内でもこの問題が大きく報じられ、対米世論は悪化する一方でした。

　これに対して栄一は、政治家や軍人とは異なる立場での「民間外交」を試みます。1909年、前述の渡米実業団を結成し、団長として渡米。約3か月かけてアメリカを横断し、タフト大統領やエジソンなどと会見したり、各地の大学や教会、福祉施設を訪問したりと移民排斥問題の解決のために尽力しました。

　そんな栄一をアメリカ人は「**Grand old man**」というニックネームで呼んでいました。**栄一はアメリカではワシントンやリンカーンのような偉人と並び称された**のだそうです。日米関係の修復のために力を尽くした栄一の功績は、アメリカ人からすれば、国の独立のために戦ったワシントンや、南北戦争で分断された国家を再建したリンカーンに匹敵するものだったのでしょう。

　栄一の努力もむなしく、1913年にはカリフォルニア州で外国人土地法（市民権を得られない外国人の土地所有などを禁じた法律）が成立してしまいます。しかし、栄一はこれに屈することなく、81歳まで船旅でアメリカに足を運び、日米関係の修復に心血を注ぎました。

左脳と右脳をバランスよく

　栄一は91歳で亡くなる直前まで、ダーウィンの進化論やメンデルの遺伝の法則を読むなど、勉強を欠かすことはありませんでした。多忙な中でも膨大な知識量をインプットし続けた栄一は、一体どのような学習法を実践していたのでしょうか。

　まず無意味な記号を頭に入れ、その意味は人生のふとしたときに自ずと獲得するというのが、栄一流の学習法でした。**記号と意味を同時に学ぶ場合よりも脳に定着しやすいことから、長いスパンで考えると合理的な学習法であった**と栄一は言います。これは栄一が『論語』を学んだ際に実践した方法です。栄一は幼いころ、いとこの尾高惇忠（おだかあつただ）から『論語』を学びます。そのときは、おそらく意味を考えることなく、ただ「子曰（しいわ）く…」と声に出して読み上げるだけだったでしょう。しかし、後年実業家として約500社の企業経営にかかわる中で、体にしみついていた『論語』の教えが、経済にも生きることを知ります。当初「記号」にすぎなかった『論語』の言葉が、さまざまな経験の中で「意味」を帯び、記憶に定着していったのです。

　脳科学的に、栄一のこの学習法は**左脳（思考・論理）と右脳（知覚・感性）をバランスよく使っている**といえます。知識を詰め込もうとするのは左脳の働きですが、経験や感情に即して記憶しようとするのは右脳の働きです。栄一が実践したように、左脳と右脳をバランスよく交互に使う方法は、ビジネスで成果を出すためだけでなく、英語学習にも必要ではないでしょうか。

「英語ができる」という理由で初代内閣総理大臣にまで出世した男

伊藤博文

政治家。幕末に高杉晋作らとともに尊王攘夷運動に参加し、「長州ファイブ」としてイギリスにも密航。1885年、初代内閣総理大臣に就任後、ドイツの憲法を参考に大日本帝国憲法をつくった。

英語力を武器に、足軽から日本初の総理へ

初代内閣総理大臣として知られる博文ですが、出世の要因は英語力の高さにあったといわれています。しかし、最初から学業の成績が優秀だったわけではありませんでした。

博文は長州藩の農民の子として生まれますが、のちに父が足軽の伊藤家に養子に入ったことで、下級武士の身分を得ます。16歳のとき、吉田松陰主宰の松下村塾に入門し、高杉晋作らとともに学びます。松下村塾の門下生は博文よりも年上の秀才ばかりだったということもあり、博文の能力が相対的に劣っているように見えたのか、松陰は博文を「**才劣り、学幼し**」と評したといわれています。

そのころ、幕府大老の井伊直弼が、朝廷の許可なく日米修好通商条約に調印します。尊王攘夷論者の松陰はこれに憤りますが、安政の大獄で処刑され、非業の死を遂げることに。ショックを受けた博文は、攘夷思想に燃え、高杉晋作らとともにイギリス公使館の焼き討ちに参加したそうです。

　攘夷運動が日本全国に広がる中、長州藩では藩士をヨーロッパに留学させる計画が進展していました。欧米に打ち勝つためには、欧米にわたって最新の知識や技術を学ぶ必要があると考えたためです。博文はメンバーの一人に抜擢され、いわゆる**「長州ファイブ」の一員として、イギリスに密航しました。**約半年間の留学で、西洋の最新技術を学ぶと同時に、日常会話ができる程度の英語力を身につけたといわれています。

　四国連合艦隊（イギリス、フランス、アメリカ、オランダ）の長州藩攻撃の計画を知った博文はあわてて帰国しますが、外国との戦争は避けられず、長州藩は四国連合艦隊に敗北します（下関事件）。このときの講和の通訳を務めたのは博文です。足軽出身の博文には「身分の枠を超えるには英学の修養しかない」という考えがあったのか、その後も英語学習に励み続けたといいます。

　そんな博文に再度、欧米諸国を訪れるチャンスが舞い込んできます。すぐれた交渉力や実直な性格が評価され、岩倉使節団の副使に任命されたのです。サンフランシスコで行われた歓迎会では、大使の岩倉具視や、リーダー格の木戸孝允、大久保利通を差し置いて、スピーチを担当。**「日の丸はもはや帝国を封ぜし封蝋ではなく昇る朝日である」などと流暢な英語で演説を行うと、アメリカ人の観衆から拍手喝采が起こった**そうです。

　最終的に、博文はイギリス公使館のフランシス・アダムスに絶賛されるほどの英語力を手に入れます。**国内外で磨き続けた英語力を武器に、博文は長州藩の下級武士から日本初の内閣総理大臣にまで飛躍を遂げる**のです。

偉人の伝記はヒントがいっぱい！

　グローバル人材になるためには、英語力のほかにクリティカル・シンキング（批判的思考）が求められます。「クリティカル・シンキング」とは、物事を鵜呑みにせず、批判的な視点で疑う姿勢のこと。価値観の異なる相手とコミュニケーションをとる際、ついこちらの価値観を押しつけてしまいがちですが、自分が常識だと思っていることが相手にとっても常識であるとは限りません。互いに納得のいく結論を出すためには、無意識のうちに偏っている自分の思考を疑う必要があるのです。

　クリティカル・シンキングを養うのに格好の題材が、多様な価値観に触れることのできる偉人の伝記です。国際問題の解決にあたっては、正解は一つではありません。**博文はさまざまな偉人の伝記を愛読し、先人たちの知恵をインプットしていたおかげで、グローバルな視点を持って当時の日本を批判的に捉えることができた**ようです。諸外国との対話を通して、最適な方法を探るべく努めたといいます。

　博文が最も尊敬していた歴史上の人物は、**博文と同じく足軽から出世を遂げた豊臣秀吉**でした。少年時代から「秀吉のようになりたい」と考えていたようで、その思いの強さが伝わる逸話が残されています。博文がほかの家に奉公をしていたころ、玄関先で主人を待っているあいだに指を使って砂の上に文字を書き、自宅に戻れば薄暗い行燈の下で手習いをして、その最後には必ず、秀吉と思しき絵を描いていたのだそうです。

　世間の秀吉へのイメージも、博文の活躍によって変わっていきました。江戸時代はせいぜい「庶民の英雄」どまりだったのに対し、

明治政府下では「国家の英雄」へと変貌を遂げたのです。博文が内閣総理大臣に在任していた1887年6月29日付の読売新聞の社説には、「**秀吉はナポレオンとともに立身出世の手本である**」と記載されました。こうした動きが見られたのも、秀吉を自身の理想とした博文の影響によるところが大きいと言えるのではないでしょうか。

秀吉は朝鮮出兵に失敗し、その最中に病死しますが、皮肉にも博文は、中国北東部のハルビン駅で朝鮮の独立運動家・安重根により銃撃され、命を落とします。本来博文は、韓国併合に反対の立場をとっていましたが、日本の支配下に置かれつつあった朝鮮の人々にとって、直前まで初代韓国統監を務めていた博文が許せない存在であったことは、想像に難くありません。道半ばで非業の死を遂げましたが、大日本帝国憲法をはじめ、博文が残した数々の成果は、後世に引き継がれていきました。

英語学習では英語で書かれた本をたくさん読むことが推奨されますが、ただでさえ活字離れが進んだ現代の日本人にとってはハードルが高いかもしれません。博文は洋書だけでなく、偉人の伝記のように、日本語で書かれた本もたくさん読んでいました。英語学習では母語での読書経験も非常に重要で、**幼いころに日本語の本をたくさん読んできた人は、英作文の際に的確な表現を選び、文章を構成することができる**ことが研究でも証明されています。洋書の多読に抵抗がある人は、日本語での読書習慣をつけることから始めてみてはいかがでしょうか。

日課は英字新聞を読むこと

博文は、海外のメディアを呼んで会見を開く際に、通訳を交えずにインタビューに応じることも多々ありました。これは、博文が高い英語力を有していたことはもちろん、日々英字新聞や洋書で情報収集を欠かさなかったからこそ成し得たわざです。

博文には、どんなに夜更かしをしても、朝は必ず５時ごろに起きて散歩をし、新聞を読むという習慣がありました。『**ロンドン・タイムズ**』、『**コンテンポラリー・レビュー**』、『**ノースアメリカン・レビュー**』、『**イラストレイテド・ロンドン・ニュース**』などの雑誌も購読し、**常に最新の国際情勢に目を光らせていた**といいます。

さらに、丸善に新刊の洋書が入ると、すぐに購入していたため、最新の洋書情報にも詳しかったのだとか。岩倉使節団以来の付き合いである津田梅子に、アメリカを知る最良の本として、フランスの政治思想家トクヴィルの『アメリカのデモクラシー』を紹介したこともあったようです。

博文は難解な専門用語の多い論文を読むことにも抵抗がありませんでした。特に極東問題を扱う論文には隅々まで目を通し、官僚がやってきたときには、読みかけていた外国雑誌の論文をネタに議論を行うこともあったといいます。

晩年になっても、博文の学習意欲は衰えを知らず、**側近に「英語教師くらいは難なくできる」と豪語していた**ほどでした。

立場をコロコロ変えるのは博文の作戦

　歴史小説家の司馬遼太郎氏は、伊藤博文を「大政治家」と評し、自身の作品に度々登場させています。その一つが、NHK大河ドラマの原作にもなった『翔ぶが如く』です。作中では、主役である西郷隆盛らと比較し、博文の印象について以下のように書いています。

> 伊藤には、政治家としての哲学性が、西郷や木戸ほどには無かった。そのぶんだけ伊藤は、魅力というほどのものを、同時代人にはむろんのこと、後世にも感じさせるところが薄い。
> 　が、哲学性がより薄いぶんだけ、政治というおそるべき権力の戦場における作戦能力が西郷や木戸よりも高かった。
>
> 引用：司馬遼太郎『新装版 翔ぶが如く 二』（文春文庫）文藝春秋 2002

　博文は、その時々の状況によって政治的立場を変える戦略的な人物でした。征韓論をめぐる対立で明治政府を去り、西南戦争で士族の不満を背負って戦った隆盛と比べると、一貫性のない人物だと思われるのも無理はありません。明治天皇からは**「才智あれども時々変説あり、いつまでも仕通すことはできず」**と言

われるほどにフレキシブルだったといいます。しかし、どんな思想も受け入れる柔軟性があったからこそ、昨日の敵であった民権派の板垣退助をも味方につけ、国の基本となる憲法をつくり、国会開設を成し遂げることができたのです。

金銭欲を持たないことが英語力アップのカギ!?

出世欲が人一倍旺盛で、初代内閣総理大臣の座に就いた博文も、金銭欲や物欲のほうはほとんど持っていなかったといいます。博文と同じく長州出身で、博文が初代内閣総理大臣となった際には初代内務大臣を務めるなどした盟友の山県有朋が、私財を投じて椿山荘のような豪壮な庭園や邸宅を持ったのに対し、博文が別邸として所有していた滄浪閣（そうろうかく）は、庭園も邸宅も豪華と言われるほどのものではありませんでした。

自身の金銭欲が皆無に等しいがゆえに、博文は賭博を嫌っていたのだとか。親しくしていた実業家が花札をしようものなら、激しく叱り飛ばしたというエピソードも残されています。そのため、博文のまわりの政治家は、博文の目の前で花札をするのだけは極力避けたそうです。

実はこの金銭欲と英語学習とのあいだには密接な関係があります。例えば「テストで100点を取ったらお小遣いをあげる」という約束でやる気が起こり、結果的に100点を取ることができたとしましょう。それはあくまでお小遣いをもらえることがモチベーションになっているのであって、学習そのものに快楽を感じているわけではありません。博文は前述のとおり、出世のために英語学習に励んでいる時期もありましたが、やがて新刊の洋書を心待ちにするほど、英語学習そのものに楽しみを見出すようになっていきました。一時的なご褒美のためではなかったからこそ、博文の英語学習は長続きしたのかもしれません。

愛読書はトルストイの『復活』

　明治時代の知識人や文豪のあいだで広く支持されたのが、『戦争と平和』や『アンナ・カレーニナ』で知られるロシア人作家のトルストイでした。武者小路実篤や志賀直哉らの思想に強い影響を与えましたが、博文も例外ではありませんでした。

　博文が愛読していたトルストイの本は、『戦争と平和』でも『アンナ・カレーニナ』でもなく『復活』。博文はロシアに赴いた際、『復活』が出版されたことを知りますが、ロシア語がわからないからと購入を諦めました。その矢先に、英訳本が出ることを知り、まさに天にも昇る気持ちであったことでしょう。**渡欧の際には船の中で『復活』の英訳本を読んでいた**そうです。

やってみよう

> トルストイの『復活』は、ネイティブの英語を学ぶのにふさわしい作品であるとされており、1923年に刊行された英会話学習本『趣味の英会話』の例文にも採用されました。大正時代の英語教育に思いをめぐらせて、以下の『復活』の一節を読んでみましょう。
>
> **"I am a juryman, my name is Nkehludoff, and I want to see the prisoner Maslova," he said, resolutely and quickly.**
>
> （原文ママ）
>
> 引用：粟津清達『趣味の英会話 対訳詳註』敬文館書店 1923
>
> 日本語訳：「私は陪審員で名前はネフリュードフと申します。被告のマーズロワと対面したいと思っています」。彼は思い切って早口でそう言いました。

英語の手紙で人々の心を動かした
筆まめ教育者

新島襄

大学創設者・教育者。幕末にアメリカに密航し、フィリップス・アカデミー、アーモスト大学、アンドーヴァー神学校で学び、洗礼を受ける。帰国後に同志社英学校（現在の同志社大学）を設立した。

渡米当初は英語が話せず…

　同志社の創設者として知られる襄ですが、そのルーツは若き日のアメリカ留学にありました。17歳のころ、オランダ船を見てその大きさに驚き、幕府の軍艦操練所で航海術を学ぶように。やがて、日本を出て西洋の文化を学ぶことを夢見るようになった襄は、21歳でついに国禁を破り、アメリカへ密航すべく箱館から旅立ちました。

　襄は元々オランダ語を学んでいましたが、密航前に英語に切り替え、ノートに発音とともに英語と日本語の対訳を記しながら勉強に励みました（このノートは『英吉利文典直訳』として残されています）。ところ

がその努力は実らず、渡米直後は、船主のハーディー夫妻と英語で会話しようにも全く通じなかったといいます。実際、『**英吉利文典直訳**』には「classification」の発音は「**クラスヒケーション**」と記されており、お世辞にも英語が上達していたとは言えない状態でした。

　襄にとっての唯一の救いは、**文法的な誤りが多少あれど、英作文の能力に長けていた**ことでした。襄が書く文章には愛国心や真理を探究する心、向学心がみなぎっており、**襄の手紙に心を揺さぶられたハーディー夫妻は、襄を支援する決心をした**といいます。

　ハーディーには少年時代に牧師を志し、フィリップス・アカデミーに入学するも、病気と貧困のため夢を断念せざるを得なくなったという悲しい過去がありました。同じく、目の病気や不眠症、頭痛などと闘いつつも、夢に向かってひたむきに努力する襄に、若き日の自分を重ねたのでしょう。ハーディー夫妻の支援により、襄はアメリカの学校に進学し、帰国後は同志社英学校を設立するに至りました。

　現代日本語の基本である五十音は、「family」のように、上の歯と下唇のあいだから息を出して発音する西洋語の「f」音に対応していません。両唇で出す音（「p」「b」「m」「w」）や上の歯と下唇とで出す音（「f」「v」）などを、音声学では唇音といいます。歴史を遡ると、平安時代以前の日本では、「母」の発音は「ハハ」ではなく唇音の「パパ」でした。キリシタン大名も登場した室町時代には、「日本」は唇音を使って「ニフォン」と発音されていました。ところが、江戸時代になると「ハ」の音が定着します。このように、**日本語のハ行は「パ→ファ→ハ」の変遷の中で、欧米の発音から遠のいてしまった**のです。この音声変異で日本人の唇音が退化した結果、現代において「ユニフォーム」と発音できず、「ユニホーム」と発音する日本人は少なくありません。

　襄も同じ箇所でつまずいてしまったわけですが、これは古代の人々が語学堪能であり、現代の日本人が英語を苦手とする理由とも関係しているのかもしれません。

300通超の手紙を書く

襄が生涯を通じて出した手紙の総数は、確認されているものだけでも300通を超えます。明治時代には標準語政策の一環として、山田美妙や二葉亭四迷を筆頭に言文一致運動（話し言葉と書き言葉を一致させるための運動）が繰り広げられましたが、襄が過ごした青年時代はそれよりもずっと前の時代です。口語体が存在しないため、日本語で手紙を書く場合には文末に「候」と添えなければなりませんでした。

　そこで襄は、**文語と口語に大きな違いがない英語を使って、自分の気持ちを手紙に託しました。**日本語の手紙よりも英語の手紙のほうが分量・内容ともに充実しており、特にハーディー夫人をはじめアメリカの女性宛てに手紙を書く場合には、気持ちを率直に表現できたようです。親しみのある文面からは襄の人間味が感じられ、心を打たれることも多かったのだとか。

　日本人でも内村鑑三や化学技術者の下村孝太郎、のちに同志社第2代社長となる小崎弘道など、英語ができる人には片っ端から英語で手紙を書いたといいます。鑑三のアメリカ留学も、襄によるアーモスト大学のシーリー総長との手紙のやりとりにより実現したものでした。

　口に出して話せなくても、文面だと気持ちがスルスル出てくるものです。外国人相手に面と向かって意見を伝えるのが苦手という人は、まずは英語の手紙を書くところから始めてみてはいかがでしょうか。

キリスト教のお祈りは日本語だと難しい？

　襄は21歳で国禁を犯して渡米してから、9年ものあいだボストンで教育を受けました。フィリップス・アカデミーの授業で聖書に触れたり、日曜日の教会に通ったりする中で、キリスト教に関心を持ち、アメリカに着いた翌年には洗礼を受け、クリスチャンになります。

　24歳のころ、襄の英語学習の転機となる出来事が起きます。同じマサチューセッツ州にあるモンソン・アカデミーに薩摩藩から派遣されていた留学生・湯地定基らに出会い、キリスト教について語り合った襄。そのとき、**日本語を使って神に祈りを捧げることの難しさを痛感した**のです。その日を境に、ますます聖書の勉強に身が入るようになったといいます。

　すでに洗礼を受けていた襄の思考回路が完全にキリスト教徒のものとなったことで、英語は上達し、**キリスト教特有の言葉を使って普通に話したり、手紙を書いたりできるようになった**そうです。アンドーヴァー神学校に在学中、フーザック山脈に登頂したときには、聖書のフレーズを引用し、その印象を「Arise, O sleepy sun. Do not tarry, lazy sun!」（日

本語訳：めざめよ、眠っている太陽よ。止まるな、怠け者の太陽よ！）と日記に綴っています。

　渡米当初は拙い英語を話していた襄も、自己研鑽を重ねる中で、聖書の翻訳を引き受けられるほどに英語力を上達させていきました。

俗語よ、さらば！

一口にキリスト教と言っても、実にいろいろな教会や教派があります。襄が仲間入りしたのはピューリタンでした。

ピューリタンとは、16世紀後半のイギリスで、徹底した宗教改革を唱えたプロテスタントのこと。襄が暮らしたマサチューセッツ州を含むニューイングランドは、かつてイギリス国教会の弾圧を恐れたピューリタンが移住した土地でした。アメリカ建国の父であるワシントンもまた、ピューリタン革命で追放されたイギリス人の子孫であるといわれています。

聖書に基づき、厳格で清純な信仰を求めるピューリタン。**襄にはピューリタンとしての矜持があり、アメリカ文化の中でも俗っぽいものを嫌い、信仰に根ざした高貴なものを好みました。**外を出歩けば、教会がそびえ立つ丘や讃美歌が鳴り響く岩山、街から聞こえる「ハレルヤ」や「アーメン」といった祈りの声に関心が向きました。**英語を学ぶ際にも、10セントの安価な小説本には目もくれず、聖書の注釈書などを好みました。**「俗語」という言葉すら知らなかったほど、俗っぽいものと無縁の生活を送っていたからこそ、同志社英学校の創始者としての襄があるのは言うまでもありません。

丁寧で品のある言葉遣いは、日本国内のみならず、英語圏のビジネスの世界でも求められます。ビジネスで通用する正しい英語を身につけるためには、襄のように俗語断ちをするのも有効かもしれません。

心の支えは「ヨハネによる福音書」

襄はフィリップス・アカデミーに在学中、新約聖書の「ヨハネによる福音書」の翻訳に携わりました。聖書への理解を深める中で、キリスト教の宣教師として帰国することを誓った襄は、その後、アーモスト大学を経て、アンドーヴァー神学校でニューイングランド神学を学びます。

襄は神学校で、新約聖書を教義どおりではなく、自由な洞察力のもとで解釈する方法を学びました。その成果は、のちに襄が設立した同志社の校風にも表れました。

やってみよう

聖書の教えを忠実に守ろうとした襄は、「**キリスト教の中心となるものは、『ヨハネによる福音書』の第3章第16節に見出される**」と語りました。襄が最も感銘を受けたという「ヨハネによる福音書」の第3章第16節を読んでみましょう。

For God so loved the world that he gave his one and only Son, that whoever believes in him shall not perish but have eternal life.

日本語訳：神は、その独り子をお与えになったほどに、世を愛された。御子を信じる者が一人も滅びないで、永遠の命を得るためである。
（聖書協会共同訳）

THE GREATS

1861〜1930年

キリスト教と日本語を愛し
英語の本質と向き合った英語名人

内村鑑三

札幌農学校（現在の北海道大学）在学中、クラーク博士が残した教えに感化され、メソジスト系の教会で洗礼を受ける。アメリカへの留学を経て、聖書のみを拠り所とする信仰のあり方に則り、無教会主義を唱えた。

スコット・メソッドで英語を学ぶ

　熱心なキリスト教信者であった鑑三は、第一高等中学校の教師をしていたとき、教育勅語に記された天皇陛下の署名への敬礼が不十分という理由で、社会から厳しく糾弾されました。これはのちに「不敬事件」と呼ばれます。しかし、そんな鑑三も、最初からキリスト教に関心を持っていたわけではありませんでした。幼少期は父親の影響もあり、古代中国の聖人の言葉を学んでいました。

　1853年、ペリーを乗せた黒船が浦賀沖に来航した出来事をきっかけに、鑑三の人生はガラリと変わります。その日を境に世間では英学の機運が高まる中、鑑三は父親とともに、未知の言語である英語に関心を寄せたのだとか。

　鑑三は12歳のとき、群馬から単身ではるばる上京し、報国学舎の英語科に入学。その後、東京外国語学校（現在の東京外国語大学）英語科に編入し、生涯の友である新渡戸稲造や、植物学者の宮部金吾と出会います。「英語をより上達させたい」という思いが人一倍強かった鑑三は、

在学中、稲造や金吾といっしょに「日常会話はすべて英語！　一言でも日本語をしゃべれば罰金！」というゲームをしながら、互いに英語力を高めていったそうです。

　東京外国語学校時代にはすばらしい恩師にも恵まれました。その恩師とは、当時外国人講師として雇われていたスコットです。スコットの授業は、英語の基礎を教えることに重点を置いており、学生のあいだでは「スコット・メソッド」と呼ばれ大好評。のちに、鑑三の息子が外国語の勉強で手を煩わせていたときにも大変役に立ったそうです。

　スコット・メソッドの一つが、**「単語は一つ一つの意味を覚えるのではなく、複数の言葉が連なった熟語として覚えるべきである」**という考えに則った英単語記憶術。それまで受けてきた英語の授業では一つ一つの英単語を覚えることや、文法に重きが置かれていただけに、鑑三は感銘を受けたのだとか。そこで、スコット・メソッドに基づき、**「God is Love」の英文に対し、単語を一つ一つ分離せず、「神は愛なり」という一つの意味のまとまりのある言葉として理解した**といわれています。

やってみよう

上記のスコット・メソッドのルールに従って、下線を引いた熟語の意味に注意しながら、以下の英文を解釈してみましょう。

We were kicking our heels, waiting for some customers.

日本語訳：私たちはお客さんを待ちながらも、暇を持て余していました。

「インスピレーション」は魂を燃やすエンジンだ!

日本語には同音異義語が多いといわれています。例えば英語の「mind」「sprit」「soul」の3語は、日本語に訳すと、いずれも「こころ」という同音の語になります。あなたにはこの3語の違いがわかりますか。旧約聖書を使って英語のルーツを遡り、これら3語に対して独自の意味分析を展開したのが鑑三でした。

まず、「mind」「spirit」を考えるとしましょう。鑑三はそれぞれ「心」、「精神」と訳しました。さらに、「soul」が認識・感情作用という意味を持つ言葉であると考えた鑑三は、その日本語訳に「霊魂」を充てました。

厳密に言うと「soul」が表すのは、「魂」でも「霊魂」でも「精神」でもありません。鑑三は国家により厳しく統制された日本と、個人の自由が確立されつつあったイギリスを比べ、**「イギリス人が持つ自由気ままな観念こそがまさにsoulである」** と結論づけました。まさに自由とはほど遠い状況にあった当時の日本の社会状況を憂えていたからこそ、そのような結論に至ったのでしょう。

「soul」が認識・感情作用を表す言葉であるという点に着目すると、何となく「inspiration」とも重複すると思いませんか。そもそも「inspiration」とは何なのでしょう。例えば動詞の「inspire」を英和辞典で引くと、「〜を鼓舞する、激励する」と出てきて、その名詞化だから「鼓舞」などと考えがちです。あるいは、反射的にそのまま「インスピレーション」と解釈する人も多いことでしょう。鑑三はこの「inspiration」にも思いを馳せ、

「inspiration＝エンジン」であると考えました。

　ここで、「inspiration」という単語を分解してみましょう。「in（中に）＋spire（呼吸する）」という複合語であるのがわかります。この意味は、どこから来たのでしょうか。そのヒントとなるのが、旧約聖書の「創世記」の第2章第7節です。

Yahweh God formed man from the dust of the ground, and breathed into his nostrils the breath of life; and man became a living soul.

日本語訳：神である主は、土の塵で人を形づくり、その鼻に命の息を吹き込まれた。
　　　　　人はこうして生きるものとなった。（聖書協会共同訳）

　古くは、預言者や改革者は「fire-setter」（放火者）と呼ばれていました。「天使が祭壇へと飛んでいき、燃える炭を火ばさみで掴み、人の口に近づけると、その罪が清められた」という「イザヤ書」の一節を考慮し、「inspiration」とは**生気を吹き入れ、腐敗した魂を燃やすかのごとく、国民を良心の根底から改造すること**であるとされていたのです。こうして考えてみると、「soul」との違いが見てとれます。

　「mind」「spirit」「soul」「inspiration」。ネイティブも区別するのが難しいといわれるこれらの言葉を、鑑三は聖書の中の英文と照らし合わせながら、独自の視点で解釈していったのです。

英語の美は発音にアリ

世界各国の言語にはそれぞれ固有の美が備わっています。「日本語は世界の言語の中で最も美しい言語である」と考えつつ、英語の美と向き合ったのが鑑三でした。

そんな鑑三が着目したのは、**英語の「ng」の音とウグイスのさえずりが似ている**ということ。森林の中を歩きながら、小鳥たちのさえずりに耳を傾け、「sing」（歌う）、「ring」（鳴る）などの単語を呟いてみてください。鑑三のように、英語の「ng」の音が小鳥のさえずりに通ずると感じる瞬間があるかもしれません。

さらに注目すべきは「w」の発音です。「willow」（柳）や「wish」（願う）のように、**「w」音と「i」「s」音が連なるとき、美を味わうことができる**と鑑三は考えました。

そもそも自然界の音も、楽器が奏でるメロディーも、そして人間が声帯を振動させて発する音も、同じ「音」です。「英語」といえば、主要5教科の一つとして考えがちですが、子どものような柔軟な耳で「音」をとらえれば、小鳥のさえずりや音楽のように英語の発音を楽しむことができるかもしれません。

『代表的日本人』で英語を学ぼう

　日本文化のよさは一度海外に出て、諸外国の事情と相対化してみて初めて見出されることが多いものです。およそ３年半にわたりアメリカで生活を送る中で、腐敗したアメリカ社会の現実を直視した鑑三は、それまで「近代の思想は日本語よりも英語に詰まっている」という考えを持っていただけに、大変失望したのだとか。その出来事をきっかけに、**日本の精神性の深さを見直した鑑三は、新渡戸稲造『武士道』、岡倉天心『茶の本』に並ぶ名著『代表的日本人』（原題『Japan and Japanese』）を英語で著しました。**

やってみよう

　『代表的日本人』は、西郷隆盛をはじめ、日本を代表する５人の思想を英語でまとめた鑑三の代表作です。幕末の動乱の中で、自己を超えた存在と常に対話しながら、天命を全うしようとした隆盛の信条が表された一節を訳してみましょう。

Deal with Heaven, and never with men. Do all things for Heaven's sake. Blame not others; only search into the lack of sincerity in us.

日本語訳：人ではなく、天と対話しなさい。すべては天のために行いなさい。他者を責めてはなりません。原因を私たちの不誠実だけに求めなさい。

引用：Kanzo Uchimura『Representative Men of Japan』Keiseisha 1908

英語は苦手だけど
あらゆる学問を修めたマルチリンガル

森鷗外

幼少期から国学やオランダ語などを学び、史上最年少で東京大学医学部を卒業後、ドイツに留学。芸術の分野でも才能を発揮し、東京美術学校で教鞭をとったほか『舞姫』などの小説を生み出した。

母親といっしょに漢文を学ぶ

　当時の日本の女性には、家庭での妻や母としての役割が求められ、学問は不要であるとする風潮がありました。鷗外の祖父もそれに倣い、娘の峰子に対しては文字を教えることすらしませんでした。

　学問とは無縁であった峰子ですが、鷗外が6歳になり、親戚の漢学者から四書（『論語』『大学』『中庸』『孟子』の四つの書物の総称）の素読を学ぶようになると、自分の母親にお願いし、父親に内緒でいろは歌を学び始めました。峰子の母親、つまり鷗外の祖母は、子どものころに寺子屋でいろは歌や百人一首を学んでおり、文字の読み書きの素養を持っていたのです。

　峰子がいろは歌を学び始めたのは、鷗外の勉強を見てあげるためでもありました。やがて仮名付きで四書が読めるほどに漢文の腕が上達した峰子は、鷗外の漢文の素読をサポートしていたそうです。

　素読とは、意味の解釈を加えず、本に書いてある文字をただ声に出して読むという勉強法のこと。テレビドラマで、江戸時代の子どもが寺子

屋で「子曰く…」と『論語』を読み上げるシーンがよく登場しますが、まさにそれが素読です。庶民のための寺子屋だけでなく、藩士の子弟を対象とした藩校でも、漢文の素読が実践され、一定の効果を上げたためか、明治以降の教育でも受け継がれました。とはいえ、明確な目的を持たず、言われるがまま素読を実践したところで、本当に漢文を身につけられるのかというと甚だ疑問です。鷗外の話に戻ると、**漢文の腕を上げた母親の姿を見て、「母親のように漢文を読めるようになりたい」という動機づけが自然になされた結果、漢文をマスターすることができたと**も考えられます。

　鷗外は漢文を学んだあと、父親のもとでオランダ語を習得。さらに、東京大学医学部在籍中、ドイツ語を学び始め、のちに数百ページにも及ぶゲーテの戯曲『ファウスト』の第1部をわずか3か月で訳すほどの語学力を身につけました。漢方の医学書の英訳に挑戦したときには、専門用語がわからず困ったこともあったようですが、漢語、オランダ語、ドイツ語、英語の4か国語を習得していたことは間違いないでしょう。

　第二言語をある程度使いこなせるようになった人は第三の言語をスムーズに習得し、同じ要領で第四の言語も習得可能であることは研究でも証明されています。鷗外の場合、**母親といっしょに漢文を学んだことで言語習得の素養が培われ、オランダ語やドイツ語、英語の習得につながった**のです。

ドイツ人に日本文化を教える

鷗外のドイツ語はネイティブ並みであったといわれています。東京大学医学部で軍医をめざしていた鷗外は、軍隊の食事や衛生の改善を期待され、陸軍省の留学生として、医学の最先端をいくドイツに派遣されました。日本にいたころから少なくともドイツ語を「読む」「書く」スキルは身につけていたようで

すが、ドイツ留学後、ライプツィヒ大学のホフマン教授のもとで栄養学や衛生学などを研究する中で、さらにドイツ語の腕を上げます。

鷗外はライプツィヒに到着後、ドイツ人講師による指導を受けつつも、ドイツの軍事学者クラウゼヴィッツが書いた『戦争論』で自らドイツ語を学びました。**コンマやピリオドの後ろに縦線を引いたり、単語の上に音読のための記号を書いたりしながら、ドイツ語の発音を覚えていった**ようです。

それと並行して、自身の論文「日本兵食論」や「日本家屋論」をドイツ語に訳す作業を開始。富国強兵をめざす当時の日本陸軍では、パンと肉中心の西洋風の食事をとるべきだといわれていましたが、鷗外は「日本兵食論」で日本古来の主食である米の栄養に着目し、肉や魚と取り合わせれば米中心の食事でも問題ないと主張しました。その翻訳原稿をチェックするドイツ人は、日本の文化のことなど何も知りません。**鷗外は日本の食事や建築事情についてドイツ語で説明しながら、ドイツ語の「聞く」「話す」スキルを身につけていきました。**

神童でも英会話がネックに

　幼いころから「神童」と崇められ、10歳までにさまざまな学問を短期間で習得した鷗外。『論語』の素読に始まり、オランダ語、フランス語、ドイツ語…と語学においても本領を発揮したわけですが、**英会話だけは無理だった**ようです。息子の於菟が「英米で通じるから」という理由で英語を学ぼうとしたとき、**「英語の発音は日本人には難しい」と言って必死に止めた**のです。鷗外は基本的に息子に対しては「自分がやりたいようにやりなさい」という教育方針をとっていたため、このときの父の態度に於菟はたいそう驚いたに違いありません。

　鷗外は約4年間のドイツ留学を終えて日本に帰国する際、ロンドンに2週間ほど滞在しています。そのときに行動をともにした上司の石黒忠悳によると、**鷗外の英語はロンドンでは全く通じず、通訳を私費で雇わざるを得なかった**というのです。結婚を考えていたドイツ人の恋人のエリーゼの来日について気を揉んでいたこともありますが、いつもは笑顔で愛想よく人と接していた鷗外も、このときばかりは無口で不機嫌だったそうです。

　ドイツ語と日本語は音声の面で似ており、例えばドイツ語の「u」は

日本語の「う」と口の開きも舌の位置もほぼ同じ状態で、舌をより丸めるだけで発音できます。一方で英語の「u」は、日本語の「う」の感覚では正しく発音できません。神童の鷗外でさえもつまずいたのですから、そもそも英語は日本人にとって難しい言語なのかもしれません。

医学よりも美にめざめる

医学者として「性病」や「温存」、「業績」などの造語を残し、さらには小説家として『舞姫』や『高瀬舟』などの傑作を生み出した鷗外。医学よりも言葉や文学への関心を強めたきっかけは、**ドイツの哲学者ハルトマンの著書『無意識の哲学』『美の哲学』**を読んだことでした。

　当時、西洋の文芸批評は「理想派」と「実際派」という２派にわかれていました。ハルトマンの思想に触れて、２派の対立は不毛であり、両者の中庸をとった「具象理想」という概念であらゆる芸術を説明できるということに気づいた鷗外は、独自の美学論を展開するようになります。同時代の評論家・坪内逍遥が、シェイクスピアが自身の理想とする人間ではなく、客観的に人間を表現していることを評価し、またそれらの作品を批評するときも客観的に評することを重要だと主張すると、鷗外はこれに対抗。シェイクスピアも自身の理想を作品に反映させているとし、作家の理想が表現されていない作品は人ではなく神が書いたようなものだと批判しました（没理想論争）。

　鷗外の取り組みは、当時の日本美術界を牽引していた岡倉天心の目にも留まりました。**天心が校長を務めていた東京美術学校（現在の東京藝術大学美術学部）では、嘱託講師として美術解剖学や美学・美術史の講義を担当。**「ハルトマン哲学を日本に広めたい」という一心で、慶應義塾でも講義を行ったり、『美の哲学』の上巻の一部を翻訳したりしながら、美学の道を究めました。

ドイツ語訳から日本語の詩を作る

ハルトマンの美学の影響を受けつつ、ドイツから帰国した鴎外はその翌年、国文学者の落合直文らとともに新声社を結成。ジャーナリストの徳富蘇峰が編集を手がける民友社の『国民之友』に、訳詩集『於母影』を発表しました。その詩集は大反響を呼び、のちに恋愛論を展開した評論家・詩人の北村透谷や、ロマン派詩人の島崎藤村の思想に多大な影響を与えました。

やってみよう

『於母影』には、鴎外がドイツ語訳から日本語に翻訳したシェイクスピア『ハムレット』の一節が掲載されました。恋人であるハムレットに父親を殺され、精神を病んでしまったオフィーリア。英語で書かれた原文と鴎外の日本語訳を比べ、鴎外訳の七五調の悲しい響きを味わいましょう。

He is dead and gone, lady, He is dead and gone;
At his head a grass-green turf, At his heels a stone.

鴎外の訳：かれは死にけり我ひめよ　渠はよみぢへ立ちにけり
　　　　　かしらの方の苔を見よ　あしの方には石たてり

引用：森鴎外「於母影」『森鴎外全集12 於母影／冬の王』（ちくま文庫）筑摩書房 1996
現代語訳：あの人は死んでしまいました、ご婦人よ、
　　　　　あの人は死んでしまってもういません。
　　　　　あの人の頭の部分には苔が生え、
　　　　　足の部分には石が立ててあります。

英語の意味をとことん究め『武士道』を著した英語名人

新渡戸稲造

教育者・学者。大学卒業後、アメリカやドイツへの留学を経て、母校の札幌農学校に教授として赴任。『武士道』を著し、内村鑑三、岡倉天心と並ぶ三大英語名人として知られる。国際連盟事務次長も務めた。

「ペンナイフ」って何?

　稲造は盛岡藩士の家に生まれました。江戸詰めの重臣だった父は、江戸で見つけたマッチやオルゴールなどの舶来品を盛岡に土産として持ち帰ることが多々あったといいます。幼い稲造が西洋の文化に関心を持つのは自然な成り行きだったのでしょう。やがて、稲造はかかりつけの医師のもとで英語を学ぶようになりました。その医師は進歩的な考えの人でしたが、英語に関しては本を少しかじった程度の知識しか持っていなかったため、稲造は苦労したそうです。

　ABCの習得が終わり、「インク」「ペン」「ペンシル」「ペンナイフ」…といった具合に、文房具を表す英単語を教わっていたときのことです。医師は一つ一つの単語の意味を説明しながら講義を進めていましたが、**「ペンナイフ」の番が来ると、医師は自分の手にペンナイフを持っていたにもかかわらず、「そんなものは一度も見たことがない」と言う**のです。

　その医師は「ペン」と「ナイフ」がそれぞれどんなものなのかを知っていましたが、それらを組み合わせた「ペンナイフ」というものがどう

も想像できなかったようです。ここでいう「ペンナイフ」とは、鳥の羽根で作られたペンを削るナイフを指すわけですが、それとは別の方向に医師の妄想はどんどん広がっていきます。**「きっと先端に小さなナイフが付いたペン軸のようなものに違いない」** と結論づけた医師は、「ペンナイフ」を **「ペン切りナイフ」** と訳して、稲造に教えたのだとか。

　教える内容にはツッコミどころが多かったものの、その医師をきっかけに英語への関心を持った稲造は、東京でもっと英語を勉強したいと思うようになったといいます。わずか9歳のころに親元を離れ、叔父の助けを借りて上京しました。

　そこで稲造を待ち受けていたのが言葉の壁でした。盛岡出身の稲造が話す東北の言葉が、東京の人には全く通じないのです。当時の日本にはまだ標準語が存在せず、あの板垣退助も、国会開設の趣意書を英語で書いたというほどだったので、稲造も英語を使うしかありませんでした。**東京の人と話すよりも、イギリス人と英語で会話するほうが楽だったため、とにかく積極的にイギリス人に英語で話しかけた** といいます。

　上京してすぐに入った築地英語学校では、海軍からの脱走兵や輸入品店を解雇された店員などが英語を教えていました。さらに、その後入学した共慣義塾でも、英語の発音を知らない日本人が教鞭をとっていました。英語の名人と称される稲造も、東京英語学校（現在の東京外国語大学）に入学するまでは、よい教師には恵まれなかったようです。

英単語は一日三語！

　稲造が実践した英語学習法の一つが「一日三語、英単語を覚える」という方法でした。英語学習は継続してこそ実を結ぶのであって、一度にたくさん学ぼうとすると挫折してしまいます。**晴れの日であろうが、雨が降っていて気分が乗らない日であろうが、この方針は変えず、例えば「今日は6語覚えたので明日は休もう」というようなことも禁止としました。**

　稲造が卒業した札幌農学校には、初代教頭クラーク博士が残した厳しい規律がありました。生徒が飲酒や喫煙に走ることを危惧したクラーク博士は、自らアメリカから持参した数ダースのブドウ酒を廃棄し、禁酒・禁煙を実行することで、生徒の模範となったのです。稲造が入学したとき、すでにクラーク博士は帰国していましたが、生徒たちは「禁酒・禁煙の誓約書」に署名することが義務づけられたそうです。こうして、札幌農学校時代に自らを律する心が鍛えられていたので、稲造は一日三語主義を貫くことにも抵抗がなかったのでしょう。

　一日三語といえども馬鹿にはできません。**一日三語を確実に続けていけば、語彙量は1年で1,000語に到達する**のですから。さらにもう1年続けることで約2,000語を獲得することになります。**この2,000語というのは、英字新聞などを読んだりする分には問題のない語彙量であり、ニューヨークでバリバリ働く紳士でも4,000語を知っていれば偉いほう**だと稲造は言います。

　頻出英単語を2,000語覚えることで、話し言葉の約9割、書き言葉の約8割をカバーできることは、コーパス言語学、第二言語語彙習得を専門とする言語学者の投野由紀夫氏の研究でも証明されています。勉強熱心な人は4,000語、6,000語…と、さらに語彙を獲得しようと励むでしょう。ところが、2,000語を超えて獲得した分が会話などで生かされる機会は急激に減り、せっかく単語を覚えても無駄な努力に終わってしまい

ます。よって、効率よく英語を学ぶのであれば、獲得する語彙量は稲造の言う通り2,000語で十分と言えるのではないでしょうか。

　ただし、稲造の「一日三語主義」はなんでもよいから一日三語覚えようというものではありません。**英単語の意味を脳裏に焼きつけ、書き取りも一つ一つ間違いのないようにするのがポイントです。** とにかく2,000語だけは確実に覚えるという心意気をもって臨むことが重要であるといいます。それでは早速、稲造が実践した以下の方法に従って、「一日三語主義」を実行してみましょう。

やってみよう

❶ 覚えたい英単語三つをメモなどに書いて持ち歩きましょう。
　（スマートフォンのメモアプリに書いても構いません）

❷ ノートなどにスペルを繰り返し書きましょう。

❸ その三語を大声に出して読み上げましょう。

❹ （可能であれば）ネイティブスピーカーに正しく発音できているかどうか尋ねましょう。

❺ これを毎日続けましょう。

ファクトとトゥルース

近年、フェイクニュースが問題視される風潮の中で「ファクト（fact）」という言葉を聞く機会が増えました。似たような言葉に「トゥルース（truth）」がありますが、両者の区別はできますか。

実は稲造も、この二つの言葉の違いに悩んだ一人でした。悩みのきっかけは、以下のような会話の場面でした。

「君、時計を持っているか」
「持ってるよ」
「本当か？」

この会話での「本当か？」という言葉には、「真理（truth）か？」ではなく、「事実（fact）か？」という意味が込められています。

　一方、「本当だよ」という言葉は、「真理（truth）だよ」と「事実（fact）だよ」のどちらの意味にも用いることができてしまうのです。

日本語では一般的に「真理」「事実」と訳される「truth」と「fact」ですが、英語圏の辞書ではどのように定義されているのでしょうか。『Oxford Advanced Learner's Dictionary 6th edition』で調べると、それぞれ以下のように掲載されています。

truth

the true facts about something, rather than the things that have been invented or guessed
日本語訳：作られた、もしくは推測された事象ではなく、何らかのモノ・コトに
　　　　関する本当の事実

fact

used to refer to a particular situation that exists
日本語訳：事象が存在する特定の状況を表すのに用いられる

抽象的でわかりづらいですが、辞書の記載を見る限りでは、両者に大した違いはなさそうです。実際、イギリスを代表する詩人であるワーズワスでさえも、両者の区別ができていなかったのだとか。英語母語話者ですらこのような状況ですので、英語を母語としない私たち日本人が理解できないのも無理はありません。

　それでは、稲造は「truth」と「fact」の違いをどのように捉えたのでしょうか。**稲造は、「fact」が客観性の高い単語であるのに対し、「truth」には話し手の主観が強く反映されていると考えました。**「fact」は、実際に目で見たり手で触ったりすることのできるもの。一方「truth」は、その単語を使用する人たちが「正しい」と解釈した内容であるといいます。

　さらに、稲造はこう考えました。「truth」という単語を使う人が理解している内容は、本来の「fact」が示す内容の半分どころか、千分の一にも及ばないと。そして、これを政治の世界にたとえ、物のリアリティーをつかまないさまは、理想を第一とするマルクス主義者の手口によく似ていると説きました。

　このように稲造は、細かな語義の違いにまでメスを入れ、ネイティブ顔負けの語学力を身につけていきました。その結果、日本人の道徳観念を英語で著した世界的ヒット作『武士道』（原題『Bushido, The Soul of Japan』）が生まれるに至ったのです。

カタカナ語に敏感に反応

ニュースやCMを見ていると、多くのカタカナ語を目にします。例えば、近年その重要性が叫ばれている「デジタルトランスフォーメーション」。「DX」とも呼ばれますが、言葉の意味をきちんと理解できていますか。実は稲造も、現代の私たちと似たような状況に直面していたようです。

京都へ行き、街中をぶらぶら歩いていたときのこと。古本屋から焼き芋屋の前へ差しかかり、焼き芋のよい匂いにつられて、ふと看板に目をやると、そこには**「スヰート・ポテト」**の文字が。稲造はその看板を見ながら、**「焼き芋や丸焼きでもよいのではないか」「そもそもスイートポテトというものは多分イギリスにはない」**などとあれこれ思い巡らしながら、その和訳に首をかしげたといいます。稲造が残した記録によると、当時さつま芋は「栗（九里）よりうまい」ことから「九里はん」とも呼ばれていましたが、なぜ甘さを強調して、あえて「スヰート・ポテト」にする必要があるのか、不思議でならなかったそうです。

日常的によく目にするけれど、意味が曖昧になっている言葉は意外と多いものです。街中で見かけるカタカナ語をただ受け流すのではなく、稲造のように敏感に反応し、あれこれ考える癖をつけることも、英語の腕を上げるうえで重要ではないでしょうか。身近なカタカナ語を疑うことで自ずと語彙力が上がり、稲造のような英語の名人になることも夢ではないかもしれません。

愛読書はカーライル

　稲造が生涯で最も熱心に読んだ本が、イギリスのヴィクトリア朝時代の評論家カーライルの『衣服哲学』でした。17歳のとき、古いアメリカの雑誌に掲載された『衣服哲学』の一節を読んだのをきっかけに虜になり、札幌農学校で親しくなったハリス牧師に頼んでその本を譲ってもらったそうです。そして、**生涯で34回も読み返した**といいます。

　人間がつくった社会の諸制度は所詮一時的な衣装にすぎず、本質はその中に隠れていると説き、その見地から当時の社会を風刺したのが、カーライルの『衣服哲学』でした。日本では明治・大正時代に広く読まれ、**夏目漱石や内村鑑三の思想にも大きな影響を及ぼしました。**

やってみよう

法律の制定を衣服の裁縫にたとえた『衣服哲学』の一節を訳してみましょう。全体的に難解な英文で書かれているうえ、思想が入り込んでいるため、和訳でも読みにくいかもしれません。

For neither in tailoring nor in legislating does man proceed by mere accident, but the hand is ever guided on by mysterious operations of the mind.

日本語訳：衣服を裁縫することも、法律を制定することも、人は決して偶然に任せていくのではありません。手がいつも不思議な心のはたらきに導かれながら進んでいくのです。

THE GREATS

1863〜1913年

日本の魅力を世界に発信した「日本近代美術の父」

岡倉天心

東京美術学校（現在の東京藝術大学美術学部）の初代校長を務めるなど、日本美術界を牽引。代表作は『茶の本』、『東洋の理想』。新渡戸稲造、内村鑑三とともに、三大英語名人として知られる。

天心が育った横浜はふしぎな英語のまち!?

突然ですが、「Your a shee.」という言葉を知っているでしょうか。正しい英語ではなく、ある日本語のフレーズを英語っぽく発音し、適当な英語に置き換えた言葉なのですが、実はこれ、**天心が幼少時代を過ごした横浜で実際に使われていた言葉**なんです。ぜひ声に出して読んでみてください。

何の日本語をもとにしているのか、わかりましたか。答えは「よろしい」です。明治時代の横浜で話されていた、英語のようで英語でないこの言葉は、横浜ピジンと呼ばれます。

当時、横浜に出入りする外国人は西欧系、中国系、マレー系、インド系…と実に多様でした。**横浜ピジンは国籍や民族を問わず通用する共通語として、主に商人のあいだで使われていました。**戦後は米軍基地内でも使われていましたが、意思疎通は問題なくなされていたようです。

のちに「日本近代美術の父」として世界を舞台に活躍する天心の英語は、商人寄りであったといわれています。天心の父親は横浜で貿易商を

営んでおり、天心は店にやってくる外国人の客と父親のやりとりを聞きながら、横浜ピジンに触れていたのだそう。日本語交じりのジャパニーズイングリッシュでも、臆せず話せば会話は成立するということを、天心は父の姿から学んでいたのかもしれませんね。

> Your a shee.

やってみよう

日本語を英語っぽく話すのが横浜ピジンの原則です。特に arimas は使い勝手のよい言葉とされ、名詞に arimas あるいは arimasen をつけるだけで、大抵の会話は成立していたといわれています。例えば、そこに住んでいないことを言う場合には「House arimasen.」でも十分通じたのです。

当時実際に使われていた arimas/arimasen 構文を紹介します。英語っぽい発音で、声に出して読んでみましょう。

Nanney arimas?（何あります？→どんなものですか？）

Num wun your a shee arimas?

（ナンバーワンよろしいあります？→一番よいものはありますか？）

Mar arimas?（馬あります？→馬を所有していますか？）

Oh char arimas.（お茶あります→お茶を飲んでいます）

Cocoanuts arimas.（九つあります→九つです）

Die job arimas?（大丈夫あります？→大丈夫ですか？）

Walk-arimasen.（わかりません）

標識の漢字が読めず、大ショック！

英語を使いこなすには、英語はもちろん、母語である日本語や日本文化への深い理解も必要です。新渡戸稲造、内村鑑三とともに三大英語名人として知られ、のちに日本美術を究めた天心ですが、幼いころに漢字学習につまずいたといわれています。

それは父親と川崎大師へお参りに行ったときのこと。**東京府と神奈川県のちょうど県境にあった標識を指されて、父親に「読んでみろ」と言われたものの、その標識に書かれている漢字が一つもわからなかった**のです。自身が英語に夢中になるあまり、漢字を読めないことにショックを受けた天心。それをきっかけに、天心は菩提寺である長延寺の住職の手ほどきで、『論語』や『中庸』、『孟子』などの漢文を学ぶようになったといいます。9歳になると母親が急逝し、天心は兄弟と離れ、長延寺に預けられました。

そのころ、天心はアメリカ人宣教師のジョン・バラーが教える高島学校にも通い、英語を学んでいました。いわゆるダブルスクール状態であったわけですが、**天心は一日も休むことなく、寺から学校までの約4キロという道のりを徒歩で通い続けた**のだとか。寺の住職は食事のおかわりを許さないほど厳しい人ではありましたが、天心がのちに東洋の美意識を英語で綴った名著『茶の本』や『東洋の理想』を生み出したのは、このときの苦労のおかげかもしれません。

アメリカ人の無茶ぶりにとっさの一言

横浜で英語と漢文を身につけた天心は、東京開成学校（現在の東京大学）を卒業後、文部省に勤務。大学の師であるフェノロサの通訳や助手を務め、古美術保護に奮闘するほか、東京美術学校の開校に携わります。41歳のころには、ボストン美術館の招聘で、画家の横山大観や菱田春草とともに渡米しました。

彼らがボストンの街を羽織袴でぶらついていたときのこと。アメリカ人の若者が物珍しそうな顔で近寄ってきて、こう話しかけました。

What sort of nese are you people? Are you Chinese, or Japanese, or Jawanese?

日本語訳：あんたらは何ニーズだ？　チャイニーズか、ジャパニーズか、それともジャワニーズか？

当時、欧米諸国には、日本や中国の近代化、アジア系の低賃金労働者の台頭などを理由に、黄色人種を脅威とする風潮（黄禍論）がありました。若者の言葉は、明らかに天心たちを侮蔑するものでしたが、天心は即座にこう切り返します。

We are Japanese gentlemen. But what kind of key are you? Are you a Yankee, or a donkey, or a monkey?

日本語訳：我々は日本の紳士である。君たちは何のキーだ？　ヤンキーか、ドンキーか、それともモンキーか？

その場にいた大観は、天心のとっさの対応に胸のすく思いがしたのか、生涯この逸話を好んで語っていたそうです。

黄禍論に異を唱えた日本人は少なくなく、天心もその一人でした。「Asia is one.」（アジアは一つである）から始まる著書『東洋の理想』には、特にその主張が強く表れています。

妻に論文を燃やされる！

順風満帆のように見える天心の人生ですが、女性との関係は波乱に富んでいました。大学の卒業を控えていたころ、夫婦喧嘩がきっかけで、**2か月かけて書き進めていた卒業論文「国家論」を妻に燃やされてしまった**のです。提出期限が2週間後に迫る中、天心はテーマを変えて「美術論」を英語で書き始めました。締め切りにはなんとか間に合い、無事に卒業することができたそうです。

　天心が東京美術学校を去ることになったのも、スキャンダルがきっかけでした。天心が東京美術学校の校長と帝国博物館（現在の東京国立博物館）の美術部長を兼任していたころ、九鬼隆一という人物が帝国博物館の館長を務めていました。自身が更迭される噂が世間に広まり焦った隆一は、天心と犬猿の仲にあった東京美術学校の図案化教師・福地復一と結託し、福地に館長続投のため働きかけてもらう代わりに、天心を帝国博物館美術部長の座から退かせる作戦に出たのです。

　その作戦とは、**隆一の妻である初子と天心の不倫関係を暴く**というもの。根も葉もない噂が書かれた怪文書も出回り、天心は隆一のもくろみどおり、帝国博物館美術部長の任を解かれ、東京美術学校も辞職することになりました。

　傷心の天心はその後、インドへと旅立ちました。そのときのインドへの旅が東洋の美を見出すきっかけになったことを考えれば、この出来事にも意味があったのかもしれません。

『茶の本』で日本文化を表現する

　天心が残した名作の一つに『茶の本』（原題『The Book of Tea』）があります。『茶の本』というと茶道の手引書を想像する人も多いかもしれませんが、そうではありません。**物質的な豊かさを追い求める近代化・西洋化に警鐘を鳴らし、茶の文化の紹介を通じて、日本人や東洋人の精神性の尊さを訴える**というものでした。

　『茶の本』と似た本に、中国の唐代の文筆家・陸羽によって書かれた『茶経』があります。天心は1,000年以上前に書かれたこの本を傍らに置き、陸羽を「茶道の鼻祖」と崇めていましたが、『茶の本』を『茶経』の英訳に終わらせず、レトリックを交えながら自身の思想を綴りました。これが人々の琴線に触れ、欧米でベストセラーになりました。

やってみよう

　天心は実にユーモア溢れる人で、『茶の本』では比喩を多用しています。以下の文中にあるcup「茶碗」は、「人間享楽の器」というたとえで使われています。比喩に注目して読んでみましょう。

What a tempest in a teacup! he will say. But when we consider how small after all the cup of human enjoyment is, how soon overflowed with tears,

引用：Okakura Kakuzo『The Book of Tea』Fox, Duffield & Company 1906

日本語訳：よそ者は「一杯の茶碗で何たる大騒ぎ！」と言うだろう。しかし、人間享楽の茶碗は所詮ちっぽけなもので、涙でたちまち一杯になってしまうではないか。

弟は英語学者の道に

　日本美術を究めた兄に対し、弟の由三郎は英語学者としての道を歩みました。由三郎は、1925年に開始されたNHKラジオの英語講座で講師を務めたことで知られていますが、元々は日本語教育と朝鮮語を専門としていました。日本統治下に置かれる前の朝鮮の日本語学校・日語学堂に日本語教師として招聘された折に、ハングルと日本語で授業を展開したところ、3か月後には生徒は通訳なしで日本語を理解できるまでに上達したそうです。

　そんな由三郎は英語教育者として、江戸時代と明治時代の教育の違いについて、非常に示唆に富んだ発言をしています。その一部を要約してご紹介しましょう。

　江戸時代には文字の読み書きやそろばんなどを教える寺子屋が登場しましたが、そこではあくまでも「学ばせるもの」（学習内容）が主で、「学ぶ者」（学習者）は二の次でした。学習者のレベルにかかわらず、否が応でも国家が要求するレベルの知識を覚えなければならないため、必死に勉強する人が多かった一方、リタイアする人も続出しました。

　明治時代になり、教育制度が改革されると、「学ぶ者」が主で、「学ばせるもの」が第二に位置づけられるようになりました。学習者を苦しませまいという思いから教授法が発達した一方、学習者には難を嫌って易を選ぶ習慣がつき、自学自習の力が失われました。

　この由三郎の指摘は、教育以外の分野にも当てはまります。技術の進歩により、自転車は電動自転車にとって代わられようとしています。これは消費者の負担を軽減しようという思いのもとで開発された製品です。ところが、人々は便利さにかまけて手足を動かすのを避けた結果、今度は筋力低下という現実に直面しています。これと同じように、**せっかく生徒を思って教授法を考案するも、生徒はラクなほうを選び、考える習慣を避けるものですから、それが原因で生徒の思考力が低下していく状**

況を由三郎は悲観していました。

　由三郎は「**とにかく考える癖を学習者につけさせることが大事である**」という強い信念を持っていました。教育に対する熱い思いは朝鮮の日本語学校の生徒にも通じ、ついには当時のソウル大学の日本語学校の校長にも昇進しました。

やってみよう

そんな由三郎が提案した学習法の一つが、英単語を語源から覚える方法でした。例えば、英語でbeforeを意味するラテン語のante が語頭にくっついてできたのが、anticipate やantecedent です。このように英単語は一定の規則をもって形成されます。英和辞典を引いてみると、語源が解説されているケースも多く、そこに着目すると、同じ言葉をルーツに持つ単語が覚えやすくなります。電子辞書でも構いませんので、手元の辞書を使って、気になる単語の語源を調べてみましょう。

anticipate　ante（前もって）＋cipare（取る）→予測する

antecedent　ante（前もって）＋cedere（行く）→先行する

日本語を忘れるほど英語にハマり女子教育に身を捧げた大学創設者

津田梅子

7歳で岩倉使節団に随行してアメリカに留学し、11年後に一旦帰国。伊藤博文の勧めにより、華族女学校で英語教師を務めた。再度のアメリカ留学を経て、女子英学塾（現在の津田塾大学）を創設した。

英語が上達した結果、日本語を忘れちゃった！

　日本初の女子留学生と知られる梅子。先進的な考えの持ち主であった父親・仙の決断で、わずか7歳にして親元を離れ、岩倉使節団に随行してアメリカに留学することになります。その後11年間、アメリカで初等・中等教育を受けますが、はじめのころは異国での生活に馴染めなかったようです。渡米当初は現地の人と距離をとり、日本人留学生の仲間たちと行動することが多かったといいます。もちろん、日本人同士で使う言語は日本語です。このままでは英語が上達しないからということで、それぞれ別々の家に預けられることとなりました。

　ランマン夫妻の家に預けられた梅子は、現地の友人とも打ち解け、勉強のよくできる子に育ちました。**特に英語の上達具合には目を見張るものがあり、日本にいる両親への手紙をも英語で書いていた**のだとか。その代わり、日本語を完全に忘れてしまい、11年ぶりに帰国した際にはずいぶん苦労したそうです。

結婚か？ 仕事か？ 梅子の背中を押してくれた心の友

梅子は4人の仲間とともにアメリカに留学しました。中でも、山川（のちに大山）捨松や永井（のちに瓜生）繁子とは心が通い合い、帰国後も交流を深めたといいます。二人も梅子同様、日本語を忘れてしまいましたが、梅子より年長だったこともあり、比較的早くに日本語能力を取り戻したそうです。しかし、**三人のあいだでの共通の言語は英語であり、結婚するか、仕事に生きるか、三人で語り合うこともあった**のだとか。「愛のない結婚だけはしたくない」という思いが強かった梅子は、アメリカのランマン夫人までもが勧めてくる縁談にうんざりしていたそうです。

結果的に梅子は、生涯独身を貫き、女子教育のために身を捧げることを決意します。そんな梅子のよき理解者が、**捨松のホストシスターであったアリス・ベーコン**でした。梅子より6歳年上のアリスもまた、一生独身を貫き、仕事に生きた女性でした。梅子は身内の愚痴を漏らすほどに打ち解け、帰国後はアリスを華族女学校の英語教師として日本に招聘。さらに、念願の女子英学塾を開いた際にもアリスは協力を惜しまず、開校式にあわせて再来日し、約2年間、日本の女子学生に英語を教えました。

海外生活が長い帰国子女でも、帰国後に英語を使わなくなり、英語の能力が低下するケースは少なくありません。梅子は帰国後、母語である日本語には苦労しましたが、英語力は高い水準をキープしました。その背景には、英語で愚痴をこぼすほどに心置きなく話せる仲間の存在があったのです。

掟を破り、生物学を履修

　11年間のアメリカ留学を終えて帰国した梅子は、日本における女性の地位の低さに大きなショックを受け、日本の女子教育に携わりたいという思いを新たにしました。帰国から3年後、21歳の梅子にようやくチャンスが巡ってきます。岩倉使節団でともに渡米した伊藤博文の勧めで、華族女学校（現在の学習院女子中・高等科）で英語教師を務めることになったのです。梅子は親友のアリスに「生涯の夢が実現しようとしている」と手紙を送るほど喜びましたが、華族女学校の実態は梅子の理想とは程遠いものでした。華族の子女のためにつくられた華族女学校は、「良妻賢母」を育てることをモットーとしており、生徒の多くはおしとやかで優しい反面、学業への熱心さに欠けていたのです。**「家を治めるのに化学や理学は要らない」という考えから、教育内容も制限されていました。**

　失望した梅子は、「自立した女性」を育てる学校を自分の手でつくりたいと考え、25歳で華族女学校を休職し、再度アメリカに留学することを決意。1回目の留学では大学まで進むことができなかったので、当時フィラデルフィア郊外に新設され、女子教育に力を入れていたブリンマー大学に入学しました。

　ブリンマー大学は、かつて「セブン・シスターズ」と呼ばれていたアメリカ東部の名門女子大学7校の一つで、現在も由緒ある女子大学として知られています。当時はアメリカでも「高等教育は女性の健康に有害である」といわれていた中で、ブリンマー大学はいち早く「良妻賢母」の理念を棄て、男性と同等の最高水準の学問を女性に授けるという方針に踏み切りました。ちなみに、大学院での研究者育成や博士号授与制度に力を入れるジョンズ・ホプキンス大学をモデルに、アメリカの女子大学として初めて博士号を授与した大学がブリンマー大学でした。ブリンマー大学の先進的な女子教育は、のちに梅子が女子英学塾を設立するう

えでの模範になりました。

　梅子は当初、「英語」と「歴史学」専攻で登録を済ませていました。しかし、**実際に梅子が専攻したのは「生物学」**でした。のちにノーベル生理学・医学賞を受賞する**動物学者モーガン教授と共同研究を行い、カエルの卵の発生に関する論文を英語で執筆**。その論文は、イギリスの学術雑誌にも掲載されました。

　留学期間中も華族女学校に籍を置き、給料を受け取っていた梅子は、本来華族女学校のルールに従って行動するべきであり、華族女学校が認めない学問を修めることは、もってのほかです。しかし、梅子は勤務先の掟を破り、興味の赴くままに研究に打ち込むことで、自ら女子高等教育の模範となったのです。

　梅子はのちに、イギリスのセント・ヒルダス・カレッジ（オックスフォード大学の女子学寮。現在は共学）にも留学し、イギリスの哲学者ベンサムの功利主義を扱った倫理学の授業を受講しました。内容は非常に難解でしたが、熱心に講義に聞き入ったのだとか。倫理学も生物学同様、当時は男性の学問とされていましたが、学習意欲が旺盛な梅子にそんなことは関係ありませんでした。梅子はこれらの学問を通じて、英語をさらに上達させていきました。

梅子と稲造は共通点だらけ！

梅子といえば、2024年から発行予定の五千円札の肖像に採用されることが決まっています。現在の五千円札の肖像は樋口一葉ですが、その前の五千円札の肖像は誰か、知っていますか。正解は新渡戸稲造です。**梅子と稲造には、お札の肖像同士というだけでなく、多くの共通点がありました。**

まず、梅子が1回目の留学から帰国した2年後、稲造はアメリカへ旅立ち、ジョンズ・ホプキンス大学に通いながら、偶然にも梅子がお世話になったランマン家を訪れています。梅子2回目の留学の最中、稲造は梅子が通うブリンマー大学があったフィラデルフィアで、アメリカ人の妻と結婚しました。さらに、稲造が西洋の騎士道と日本の武士道を比べ『武士道』を著した一方、梅子は西洋と日本の女性の違いを痛感し、寄稿や講演を精力的に行いました。

のちに稲造は梅子に招かれて、女子英学塾で『武士道』について講演を行っています。**かねてより女子教育に関心を持ち、のちに東京女子大学の初代学長にも就任した稲造は、梅子の思いに強く共感した**ことでしょう。女子英学塾の顧問に加え、女子英学塾が出版していた『英文新誌』の編集顧問も務めました。

英文学の評論や翻訳、英語教育法などを扱っていた『英文新誌』は、102号まで発刊され、女子英学塾と梅子の知名度を上げるのに一役買ったといわれています。これも、英語に造詣の深い稲造の支えによるところが大きいのではないでしょうか。

教え子の英語力が飛躍的に向上

アメリカへの再留学を終えた梅子は、華族女学校や女子高等師範学校で英語教師として働いたのち、36歳でついに念願の女子英学塾創設を成し遂げます。現在は東京都小平市などにキャンパスを構える津田塾大学ですが、創設時は麹町（現在の千代田区一番町）に手ごろな住宅を借りて、6畳の教室が二つという狭いスペースで授業を行っていました。

梅子が目標に掲げたのは、あらゆることに能力を発揮する all-round women の育成。**「良妻賢母」ではなく「自立した女性」を育てるため、生徒に高い英語力を身につけさせようとしました。**というのも、当時の日本において、英語教師は女性にとって数少ない専門職の一つであったのです。

梅子は自ら教壇に立ち、厳しい指導を行いました。週に14時間ほど、英詩、英訳、文法、英作文、書き取り、英語教授法などの授業を担当。英訳の授業では、**生徒に辞書の隅から隅まで目を通させ、最適な訳を見つけさせる**という徹底ぶりでした。教室には常に緊張感が走っていたため、生徒たちはひとときも気を抜けなかったのだとか。

初年度に迎えた生徒は10人。入学試験が課せられたものの、志願者のほとんどが入学できたため、生徒の英語力はさほど高くありませんでした。梅子らの不断の努力もあり、入学後、**生徒の英語力は飛躍的に伸びた**そうです。

梅子の右腕が導入した最先端の英語教授法

津田塾大学小平キャンパスの正門を抜けてすぐの場所に建つのが「ハーツホン・ホール」です。大学のシンボルにもなっている本館にその名前が採用されたアナ・ハーツホンは、同校の校歌の作詞も手がけるなど、津田塾大学の歴史を語るうえで欠かせない人物です。ブリンマー大学時代に梅子と出会い、梅子の学校運営を支えるために来日。約40年間にわたり、無給で教鞭をとり続けました。

アナが女子英学塾で実践した英語教育法が「**ベルリッツ・メソッド**」と呼ばれるものでした。ドイツ出身の言語学者マクシミリアン・ベルリッツが開発し、当時アメリカやヨーロッパに広く普及していた外国語教授法です。**子どもが初めて言葉を覚えるときのように、絵や動作を見て言葉の意味内容を理解したあと、ネイティブの発音を模倣しながら練習する**というもので、現在もベルリッツ・スクールなどの語学学校で使われています。アナは約1年かけてイタリアでこの教授法を研究し、女子英学塾に持ち帰りました。

英語のみならず、英文学、言語学、英語教授法などの授業を担当し、生徒に合ったテキストを自ら編纂したアナ。関東大震災により学校が甚大な被害を受けた際には、アメリカで募金活動を行って資金を集め、小平に校舎を復興させました。梅子が病気で倒れたあとも、梅子の意志を引き継ぎ、日本の英語教育の発展に尽くしました。

日本人にあった英語教材を次々と出版

　梅子が創設した女子英学塾は、優秀な英語教師の育成だけでなく、すぐれた英語副読本の出版にも寄与しました。 その一つとして挙げられるのが、**今日の大学英語教科書として定着している『フェイマスストーリーズ』**です。

　『フェイマスストーリーズ』は、アメリカの小説家ボールドウィンが著した、50話から成る読み物集です。比較的やさしい英語で書かれており、辞書に頼らなくても西洋文化への理解を深められるのが特徴です。女子英学塾の評判が広まる中で、高等女学校や中学校を中心に採用されるようになり、のちにほかの出版社からも刊行され、全国の大学に普及していきました。

やってみよう

　以下は『フェイマスストーリーズ』の原本の復刻版として2013年に刊行された『Fifty Famous Stories Retold』（Didactic Press）にある「アルフレッド王とケーキ」の一節です。アルフレッド王率いるイングランド軍が敵兵であるデーン人に攻められたときの様子を想像しながら、訳してみましょう。

He was very tired and hungry, and he begged the woodcutter's wife to give him something to eat and a place to sleep in her hut.

日本語訳：彼（アルフレッド王）は疲れ果て、お腹を空かせていたので、食べ物
　　　　と小屋での寝場所を確保するよう、きこりの妻にお願いしました。

英文を方程式に当てはめる!? 科学的に文学を探究した文豪

夏目漱石

愛媛や熊本で英語教師を務めたのち、英文学研究のため文部省によりイギリスに派遣される。帰国後、教師業の傍ら執筆した『吾輩は猫である』が大ヒット。朝日新聞社に入社し『こゝろ』などを連載。

「自虐キャラ」はセルフプロデュース!?

漱石の英語スキルをめぐっては、「英文科卒でありながら英語を話せなかった」「元々は英語嫌いだった」などと語られることがありますが、実際はそんなことはありませんでした。漱石に対するパブリックイメージのほとんどは漱石の自伝に基づいており、事実に反して自身の英語力を自虐的に評価している可能性が高いと言えます。

漱石は予備門時代に、「縁日」「着物」などの日本文化を題材にした文章を、文法的なミスのない見事な英語で書いています。学校内では「今度の英文科の新入生は英語が堪能である」という噂も広まっていたのだとか。帝国大学（現在の東京大学）在学中には、英文学科の教授ディクソンの厳しい指導を受けていましたが、文法やスペルのミスによる減点で合格点スレスレの学生が多い中、漱石は常に高得点をキープしていたといいます。

英語の読み書きにすぐれていた漱石ですが、英会話が苦手だったかというと、そうではありません。イギリス留学時には、ロンドンへ向かう

船の中でドイツ人の船長夫人と英語で語り合っていたことが記録に残されています。夫人の英語は早口で聞き取りづらかったようですが、漱石はこれを聞き取り、流暢な英語で会話を楽しんだといいます。

　そんな高い能力を有していながら、漱石は自身の英語に対して複雑な思いを抱えていました。少年時代、漢学を学んでいた漱石は、英語を学ぶ必要性が高まる中で英文学科に入学しますが、**「卒業せる余の脳裏には何となく英文学に欺かれたるが如き不安の念あり」**（『文学論』）と書き残しています。卒業後も続いた「不安の念」から解放されるために愛媛や熊本に赴任しましたが、**留学先のイギリスでは持病の神経衰弱を悪化させ、「漱石発狂」の噂が流れたことで帰国を命じられてしまいました。**

　しかし、漱石は自身の神経衰弱も作家として巧みに利用していました。代表作の『吾輩は猫である』や『坊つちやん』などで漱石は、登場人物に自分を投影して、当時の政府を痛烈に批判しています。漱石の鋭い風刺やユーモアは、悲観的な性格をこじらせていなければ生まれていなかったかもしれず、本人も**「余はこの神経衰弱と狂気に対して深く感謝の意を表するの至当なるを信ず」**（『文学論』）と書き残しています。「英語嫌い」も「神経衰弱」もどこまで真実なのかわかりませんが、漱石が「自虐キャラ」をうまく使っていたことは間違いないようです。

英語は科学だ！

漱石は同時代の英文学者とは一線を画していました。実質的には、英文学者のお面を被った科学者といったところでしょうか。**予備門時代は英語よりも代数学や幾何学の成績のほうがよく、抜群の理系センスを持っていました。**英文学科に進学したのは友人に勧められたからであり、当初は建築家を志望していたといいます。

そんな漱石が、文学を科学のようにとらえ、生み出した方程式が「**F＋f」の定理**でした。一体これは、どういう概念なのでしょうか。

まずは、漱石が生まれる200年ほど前にイギリスで活躍した科学者・ニュートンの運動方程式を見てみましょう。重い荷物を乗せた荷車を動かすとき、最初は重くて動きません。ところが、荷物を減らして重量を軽くすると、速く進みますね。ニュートンはこの現象を説明するために、F（力）、m（物体の質量）、a（加速度）を使って「$F = ma$」という方程式を導き出しました。漱石も、ニュートン同様の方程式を、文学の世界において発見したのです。

「文学とは何か」という問いに対して、漱石は「**F＋f」という定理**を導き出しました。**「F」は焦点的印象・観念、「f」は人間の認識に付随する感情を指します。**つまり、文学とは事実を述べるだけでなく、その描写を通じて感情を呼び起こすものであるというのが漱石の考えです。

漱石は、さまざまな文学作品をこの方程式に当てはめて理解しようとしました。例えば、イギリスのロマン派詩人キーツの『聖アグネスの宵

祭』の一節を読んでみましょう。

St. Agnes' Eve—Ah bitter chill it was!

The owl, for all his feathers, was a-cold;

The hare limp'd trembling through the frozen grass,

And silent was the flock in woolly fold:

漱石の訳：聖アグネスの宵祭―ああ、肌刺す寒さ！
　　　　梟は羽毛にくるまれていても凍え
　　　　野兎は凍てついた草原をふるえながらとぼとぼ歩み、
　　　　そして羊の群は暖い毛だらけの囲いの中で静まり返る。

引用：夏目漱石『文学論（上）』（岩波文庫）岩波書店 2007

　この一節では、ふくろうや野うさぎ、羊の描写を通じて、肌を刺すような寒さが呼び起こされます。動物たちが凍える様子がF、それに伴って生じる「寒い」という感情がfです。文学はこのように私たちの五感に働きかけ、温度までをも感じさせるということを、漱石は証明しました。

　こうして漱石は、科学者のごとく文学を解剖していきました。文学とは言い換えれば「言葉の集合体」であり、ここでいう「言葉」を科学の世界にたとえるならば、物質を構成する「原子」のようなものです。ニュートンをはじめとする物理学者が「原子」を出発点に独自の理論を発展させたように、漱石は文学上の「原子」である「言葉」にメスを入れました。そして、**「言葉とは人間の意識の産物である」**という仮説を立て、その仮説を立証するために多くの心理学の論文を参照しながら、研究を重ねたのです。

日本で初めて『方丈記』の英訳に挑む

　漱石は、英文学だけでなく、日本やアジアの文学にも造詣が深い人物でした。そのきっかけの一つとなったのが、俳人・正岡子規との出会いです。大学予備門で知り合い、意気投合した二人は、漢詩のやりとりをしたり、ともに文学評論をしたりして、友情を育みました。漱石は子規の影響で、生涯で約2,600もの俳句を残したといいます。

　日本文学への理解と高い英語力を有した漱石は、大学在学中に、英文学科の教授ディクソンの依頼で、**鴨長明の随筆『方丈記』の英訳に日本で初めて挑戦しました。**

やってみよう

鎌倉時代の随筆『方丈記』には、火災や地震、飢饉、疫病といった同時代の災厄などについて書かれています。有名な冒頭部分では、天変地異を体験した長明が、**仏教的無常観を川の流れにたとえ、人の命や住居のはかなさを表現しています**。漱石に続き、予備門時代の同級生であった南方熊楠も『方丈記』の英訳に挑戦したようですが、わびさびにも通じる日本文化の真髄を、適切な英語に変換して訳すのは難しいものです。漱石と熊楠が仏教的無常観をどう表現したのかに着目しながら、あなたも英訳にトライしてみましょう。

行く川のながれは絶えずして、しかも本の水にあらず。よどみに浮かぶうたかたは、かつ消えかつ結びて久しくとゞまることなし。世の中にある人とすみかと、またかくの如し。

現代語訳：川の流れは常に絶えることなく、しかも流れゆく川の水は絶え間なく移り変わっています。奔流から放たれるしぶきは一瞬も止まることなく、現れてはすぐに消え、また新たに現れるのです。世の中の人々の運命や、人々の住居が移り変わっていく様子はまさに川の流れのようであり、奔流に現れては消えるしぶきと同様、きわめてはかないものです。

漱石の訳：**Incessant is the change of water where the stream glides on calmly: the spray appears over a cataract, yet vanishes without a moment's delay. Such is the fate of men in the world and of the houses in which they live.**
引用：夏目金之助「A Translation of Hojio-ki」『漱石全集 第二十六巻 別冊 中』岩波書店 1996

熊楠の訳：**Of the flowing river the flood ever changeth, on the still pool the foam gathering, vanishing, stayeth not. Such too is the lot of men and of the dwellings of men in the world of ours.**
引用：南方熊楠「A Japanese Thoreau of the Twelfth Century（HOJOKI）」『南方熊楠全集10』平凡社 1991

how と why

　唐突ですが、how と why の違いはわかりますか。「how は方法を尋ねるときに使う疑問詞で、why は理由を尋ねるときに使う疑問詞…」。中学英語を習ってきた人であれば、誰しもそう答えるでしょう。漱石は、両者の意味の違いを科学的な視点で明らかにしました。

　科学は how（どのように）の疑問に答えることはできるが、why（なぜ）の疑問に答えることはできないと漱石は言います。漱石は具体例として「花が落ちて実を結ぶ」という現象を挙げました。「どのように花が落ちるのか」「どのように実を結ぶのか」という問いに対しては、一つ一つのプロセスを記述し、因果関係を明らかにすることができます。しかし「なぜ花が落ちるのか」「なぜ実を結ぶのか」という問いに対しては、「神の思し召しである」「人間がそうさせた」など、何者かの意思という理由でしか説明がつかず、これでは科学の領域を超えてしまうと考えたのです。

　ここまで見てきた「F＋f」や「how と why」をはじめとする漱石独自の理論を、難しいと感じる人も多いのではないでしょうか。ところが、松山中学時代の教え子である医学者の眞鍋嘉一郎（まなべかいちろう）は、英文の訳を述べるだけではなく要素に分解して考える漱石の講義を振り返り、「**不思議によくわかつて、英語の面白味が初めて感ぜられるやうになつた**」と語っています。身近な現象を理屈で考える癖を持つ理系の人たちにとって、漱石の英語学習法は有効なのかもしれません。

前任講師が人気すぎてボイコットされるも…

イギリスから帰国後、36歳の漱石は東京帝国大学で「英文学概説」の講義を担当することになります。2年間にわたる講義の内容をまとめたのが、前述の「F＋f」や「howとwhy」の話が登場する『文学論』です。非常に難解な理論に、最初は多くの学生たちが戸惑ったといいます。**前任者の小泉八雲（ラフカディオ・ハーン）が人気だったこともあり、漱石は総スカンにあってしまう**のです。一時は神経衰弱を再発させるほど深刻な事態となりましたが、漱石の英文学者としての能力の高さや懐の深さに、学生たちは徐々に心を開いていきました。

漱石は教壇を離れたあとも、多くの教え子に慕われました。漱石のもとに集う若者たちは「漱石山脈」と呼ばれ、漱石にさまざまな悩みを相談したり、文学や思想について議論したりしたといいます。1906年10月から漱石が亡くなる間際まで、毎週木曜日の午後に開かれた「木曜会」には、大正期を代表する作家の森田草平や鈴木三重吉、芥川龍之介のほか、ドイツ文学者の小宮豊隆、日本の能楽研究を牽引した野上豊一郎など、各界の第一線で活躍する人たちが出入りしていました。

中でも頻繁に漱石のもとへ足を運んだのが、熊本五高時代の教え子である**物理学者の寺田寅彦**です。なんでも漱石の科学の話からヒントを得ることが多かったのだとか。一方の漱石も寅彦から刺激を受け、寅彦をモデルに『吾輩は猫である』の水島寒月や『三四郎』の野々宮宗八を書いたといわれています。

400本近くの英語論文を執筆！オタク気質の生物学研究者

南方熊楠

東京大学予備門中退後、英米に留学。ロンドンの大英博物館に勤務しながら、『ネイチャー』に論文を投稿し学者デビュー。在野の研究者として学問を究め、「南方マンダラ」説を提唱した。

日本語は使用禁止！

約20の言語を操り、イギリスの科学雑誌『ネイチャー』で論文を発表した熊楠は、博物学・民俗学では近代日本の先駆者的存在として知られる人物です。そのすぐれた語学力の背景には、日本語の使用を一切禁じたストイックな生活がありました。

ロンドン留学中の最初の1年間はまさに英語修業の日々。**日曜日以外は日本語と中国語の使用を禁じた**そうです。おかげで渡英の翌年には、**『ネイチャー』に「極東の星座」（原題は「The Constellations of the Far East」。中国とインドの古代文明における星座体系に関する論文）を投稿するほどに英語力が上達した**のだとか。

熊楠は33歳のとき、ロンドンから帰国します。そのとき初めて日本語で論文を執筆したといいます。自らを文士（リテラート）と名乗る熊楠の日本語論文は英語論文よりも論理的構成に欠くところがありましたが、日本語を禁じる生活が英語の上達に一役買ったのは間違いないでしょう。

子どもレベルの英語と笑われる

　熊楠の「極東の星座」は、内容の面では大変すばらしいものでしたが、当時大英博物館の考古学・民俗学部長を務めていた富豪のフランクスには「**イギリスの子どもレベルの英語！**」と笑われてしまいます。

　フランクスが指摘した箇所が「definite sketch」。これを日本語に訳すと「明確な草案」ですが、正しくは「definite <u>outline</u>」です。確かに、英和辞書を開けば、「sketch」の意味は「草案、略図」、一方の「outline」は「骨子、概要」と出てきます。一見すると、どちらも同じ意味を表す言葉のようにも思われますが…。

　熊楠の場合、辞書に頼りすぎたことが失敗の原因でした。現代では、上記2語の違いを見破るのに、コーパスを利用することができます。コーパスとは新聞や雑誌に書かれたテキストや話し言葉を大量に集めたデータベースであり、紙の辞書よりも多くの用例が掲載されています。具体的には**British National Corpus（BNC）やCorpus of Contemporary American English（COCA）（どちらもユーザー登録すれば、一部の機能が無料で使用可能）がありますが、Googleなどの検索エンジンもコーパスの代わりに使用できます。**「definite sketch」、「definite outline」をそれぞれ検索窓に入力したとき、信頼のおけるサイトで多くヒットしたほうが好ましい組み合わせです。辞書とコーパスの二刀流で、より正確な英語の語法を身につけましょう。

フランス語と英語を同時に学ぶ

　熊楠は最終的に英語のほか、フランス語やドイツ語など、約20か国語を習得したといわれています。それだけの言語を覚えるには果てしない時間がかかりそうですが、熊楠は**複数の言語を同時に学ぶ**ことで、これを成し遂げました。例えば**英語を学ぶ際には、フランス語と英語を一日おきに学んだ**のだとか。

　フランス語は発音や文法が難しいといわれています。「英語とフランス語を同時に学んでも脳の中が混乱するだけで、習得がスムーズにいかない」、そう思っていませんか。実は**現代英語の約半数はフランス語から入ってきており、語源であるフランス語といっしょに覚えると習得が捗るケースもある**のです。

　英語の「beautiful」の語源である「beau」は、英語だけでなく、フランス語にも存在する語です。同じスペルでも、英語が「恋人」の意味であるのに対し、フランス語では「美しい、高級な」という意味になります。英和辞典だけでは深く知ることはできませんが、フランス語と関連づけると「beautiful」の由来が見えてきて、記憶に定着しやすくなります。英和辞典と仏和辞典を使って、以下の単語の意味を調べてみましょう。

英語	フランス語
beau	beau
mercy	merci

最近よく聞く「エコ」の意味とは？

近年のSDGsブームで耳にする機会が増えた「ecology」（エコロジー）という言葉。これを略した「エコ」は「環境にやさしい」という意味を持つ言葉として定着していますが、それは正しい意味なのでしょうか。**「ecology」の定義について、独自の視点を持ったのが熊楠でした。**

イギリスから帰国した熊楠が、研究活動の拠点としたのは、生まれ故郷・和歌山県の南に位置する熊野の山林でした。そこは1,000年以上にわたり、寺院や伽藍の修繕の用途を除いて、樹木の伐採がタブーとされてきた場所。草木が重なり合い、うっそうと生い茂っている神秘的な空間です。その空間こそが「ecology」が表す内容であり、これを人間が破壊することはあってはならないと考えた熊楠は、神社の合祀を進める政府の方針に反対し、神社林を保護する活動にも取り組みました。

「ecology」の意味を英和辞典で引くと、「生態学」が出てきます。さらに、『広辞苑』（第7版）で「生態学」の意味を調べると、**「生物と環境の関係に関する科学」**と記されていますが、その定義からは、生物同士のかかわりを重視した熊楠の考えが見えてきます。

英和辞書に掲載されている語義をそのまま覚える癖がついていると、いざ英作文を書いても、不自然な英語になりがちです。**国語辞書などで調べ、概念からしっかり覚えることで、より自然な英作文が書けるようになります。**ぜひ今日から実践してみましょう。

幽体離脱を経験して神秘の世界へ!?

熊楠は科学と仏教を結びつけた独自の世界認識で知られています。これはのちに「南方マンダラ」と呼ばれますが、一体どういうものなのでしょうか。

曼荼羅とは、仏教の悟りの世界を示すため、本尊を中心として、周囲に仏を描き並べた図絵のことです。浄土宗、日蓮宗などでも使われてきましたが、元々は密教のものです。平安時代、空海は真言密教を日本に伝えるため、密教の世界観をわかりやすく視覚化した「金剛界曼荼羅」と「胎蔵界曼荼羅」を日本に持ち帰りました。

生命や宇宙、物質など、科学にまつわるヒントが多く詰まっているのが、この曼荼羅です。空海の真言密教を信奉し、曼荼羅になぞらえ、宇宙の謎を解明しようとした熊楠は、幽体離脱や幽霊を見るなどの不思議な体験をする中で、**「これは科学で説明できるものではない」**と考えます。そして、その日を境に夢の中で見たものを事細かに日記に記録し始めます。

さらに、自然と人間を切り離して扱う西洋の科学に疑問を抱いた熊楠は、ロンドンから帰国後、和歌山県南部を活動拠点とし、奥深い森にわけ入り、粘菌の採集にも勤しみます。ロンドンで知り合った高野山真言宗管長の土宜法龍との手紙のやりとりを続ける中で、空海の曼荼羅や粘菌のライフサイクルを図示し、独自の世界認識を展開。**「万物の生と死は連続的で不可分である」**という考えに至りました。

自身が体験した不思議な出来事や、森の中での粘菌採集をきっかけに、科学と仏教を結びつけて探究を続けた熊楠のその視点は、ほかとは一線を画しており、「日本民俗学の父」と称される柳田国男も頭が上がらず。熊楠を「日本民俗学最大の恩人として尊敬している」と絶賛していたそうです。

1900年『ネイチャー』に掲載された熊楠の論文に、「幽霊に関する矛盾」（原題は「Illogicality concerning Ghosts」）があります。幽霊が衣服を着ていることに対する熊楠の考察を読んでみましょう。

Thus, saying that a ghost appears clad necessitates the admission of its possession of body; which view itself militates against the definition of the ghost, because, according to this statement, the said ghost is a composite of the ghosts of body and clothes, which is essentially different from the soul of a deceased individual.

日本語訳：このように、幽霊が衣服をまとって現れるという現象には、幽霊は身体を持っているという考えが前提にあり、これは幽霊の定義に背くものである。この見方に則れば、上記の幽霊は身体を持ち、衣服を身にまとっているということになり、またそれは死んだ人の心とは本質的に異なるものだからである。

熊楠は約400本もの論文を書いた学問オタク！

真言密教の曼荼羅からヒントを得て宇宙の謎を解き明かそうとした熊楠ですが、文系・理系を問わず、多彩な学問分野を修めたという点でも空海と共通しています。

まず、空海の経歴を振り返ってみましょう。空海は18歳のとき、役人になるために大学に入学するも中退。その後、唐への留学を経て仏門の道へ。言葉の起源を宇宙に求め、現代の学問に当てはめれば、言語学を出発点に、量子物理学や哲学、論理学、精神医学、生物学など多くの学問を学び、最終的に「日本のプラトン」の名を冠するにふさわしい実績を残しました。

一方の熊楠は東京大学予備門に入学後、ノイローゼとなり中退。英米への留学を経て、博物学の世界を究めていきます。

日本では大学などで専門の訓練を受け、修士号や博士号を取得後、大学や研究所に勤務して研究に携わる人を学者と呼ぶ傾向にあります。当時のイギリスにはそういった人たちと、大学や研究所に所属せず、在野で研究する人たちが半々くらいの割合で存在していました。

空海と同様、大学などに所属せず、独自の視点で学問を究めた熊楠は後者のタイプとして受け入れられ、『ネイチャー』や『ノーツ・アンド・クエリーズ』、『フラヘン・エン・メデデーリンゲン』などに論文を投稿しながら、在野の研究者としての道を歩んでいきます。最終的に、生涯で376本という、あの野口英世を上回る量の英語論文を執筆しました。

熊楠に影響を与えた1冊

熊楠がロンドンの大英博物館に勤務しているときに知り合った僧侶の

土宜法龍とは、帰国後も手紙を
通じて交流が続いていたのだと
か。最新の生物学の知識を有し
ていた熊楠は、法龍との手紙の
やりとりの中で、**ダーウィンの
進化論をはじめ、著名な科学者
の重要な知見に触れられる書籍
を薦める**こともあったようです。

やってみよう

現代の生物学の基本はダーウィンの『種の起源』にあります。例え
ば「キリンの首はなぜ長い」という疑問に対するヒントもそこから
得ることができます。熊楠にも影響を与えた『種の起源』の原文の
一部を読んでみましょう。

**The framework of bones being the same in the hand of a
man, wing of a bat, fin of the porpoise, and leg of the horse,
the same number of vertebrae forming the neck of the
giraffe and of the elephant, and innumerable other such
facts, at once explain themselves on the theory of descent
with slow and slight successive modifications.**

日本語訳：人間の手、コウモリの翼、イルカのヒレ、そしてウマの脚の骨の構造
　　　　　が同じであることや、キリンとゾウの首を形成する頸椎骨の数が同じ
　　　　　であること、およびその他無数の事実は、緩やかでわずかな変化を伴
　　　　　う継承の理論で説明できます。

元々は政治家志望！ 恋心をロマンチックに歌い上げた詩人

島崎藤村

明治学院（現在の明治学院大学）を卒業後、横浜の雑貨店勤務、英語教師を経て、ロマン派詩人として第一詩集『若菜集』を発表。長編小説『破戒』によって、自然主義文学の代表的作家としての地位も確立した。

夢はナポレオン

　中山道の馬籠宿（現在の岐阜県中津川市にあった宿場）に生まれた藤村は、9歳で学問のため上京し、15歳で明治学院普通部本科に入学。英語学習に一心に励んだといいます。**明治学院の創設者であるヘボン博士は、今日の日本で広く使われているヘボン式ローマ字を考案し、日本初の和英辞典『和英語林集成』の編纂に携わった人物です。**明治学院は、当時の日本で英語を学ぶにはうってつけの環境でした。

　伊藤博文は政治家として立身出世するために英語を学びましたが、藤村が英語学習を始めたのも全く同じ理由でした。詩人や小説家として知られる藤村ですが、**少年時代には、ナポレオンの伝記を読んで政治家になることを夢見ていました。**少尉から皇帝へと昇りつめたナポレオンに憧れた藤村は、当時エリートの登竜門だった一高をめざし、知り合いの海軍省官吏に家庭教師を頼んで、英語を教わっていたのだとか。受験は失敗に終わってしまいましたが、その家庭教師に勧められ、創設されたばかりの明治学院に入学することを決めたそうです。

　明治学院に入学した当初も、ナポレオンのような政治家になりたいという気持ちに揺らぎはありませんでした。政治家としての立身出世を夢見て、国内外の政治批評家が書いた啓蒙書などを中心に読み漁っていた藤村ですが、その関心は次第にイギリスの詩人へと向けられました。

　中でも藤村に対してよくも悪くも刺激を与えたのが、イギリスの政治批評家のモーレーが編纂したイギリス文学評伝シリーズ『English Men of Letters』でした。イギリスのロマン派を代表する詩人バイロンやシェリー、キーツらの伝記によって構成されるシリーズで、**藤村は学校の図書館からそれらの伝記を借りてきては、日課もほとんどそっちのけで読み耽り、抄訳するのを楽しんだ**のだとか。例えば、貧しい家庭で生まれて天才詩人と称されるまでになったキーツの立身出世の物語は、政治家志望の藤村を鼓舞しただけでなく、のちにロマン派詩人として活躍する藤村の作風にも影響を与えたに違いありません。

　こうして、英詩の世界にのめり込んでいった藤村は、途中まで首席をキープしていましたが、**卒業間際には成績がビリから3番目くらいまで落ちてしまいました。**

　卒業後は知り合いが経営する横浜の雑貨店に勤務しながら、女性向け雑誌にワーズワスの「To the Cuckoo」の評論『郭公詞』を発表し、評論家デビューを果たした藤村。学校の成績はともかく、英語で読み発信する力は、着実に身についていたようです。

東北弁と英語は似ている!?

やがて藤村は、執筆活動の傍ら、英語教師として働くようになります。24歳のころに赴任した仙台で、東北の訛りが理解できず困っていた藤村。そこで、仙台滞在歴が30年と長く、大学でラテン語やフランス語を教えていたフランス人のジャッケ神父のいる教会へ通ったところ、藤村の悩みは解決されました。実は、**東北の言葉と欧米の言語には共通点が多い**というのです。

日本語と、英語を含む欧米の言語は、全く異なる言語であると思いがちですが、それは「標準日本語」と「欧米諸言語」を比較したときに得られる結論に過ぎません。

例えば、標準日本語の母音は「アイウエオ」の5個ですが、英語の母音は約20個あります。これは、日本語と英語では発音のしかたが異なっており、英語には日本語の「イ」と「ウ」の中間位置に舌を配置する中舌母音（例「ə」）などが存在するためです。**フランス語にも存在するこの中舌母音は、標準日本語には存在しませんが、東北のほか、北陸、出雲、琉球地方の言葉には存在します**。これは、5個よりも多くの母音があった奈良時代以前の日本語の名残だといわれています。ちなみに、**鼻にかかった「ンガ」という鼻濁音も、現代の日本語では失われつつありますが、これらの地方の言葉や欧米の言語には存在する音の一つです。**

野口英世や石川啄木、大山捨松は皆英語が堪能でしたが、彼らはいずれも東北にゆかりのある人物です。東北の言葉になじむことは、英会話上達の近道なのかもしれません。

恋愛文学は俺に任せろ！

　藤村といえば、ロマンチックで時にスキャンダラスな恋愛で知られています。東京の明治女学校で英語を教えていた20歳のころ、1歳年上の教え子・佐藤輔子への許されぬ恋に悩み、わずか4か月で教職を辞します。40代のころには、姪と禁断の関係に陥り、逃げるようにしてフランスへ旅立ちます。藤村はこれらの女性たちをモデルに多くの詩や小説を手がけました。

　藤村に大きな影響を与えた文芸評論家・北村透谷や、藤村と同じ自然主義文学の作家として切磋琢磨していた田山花袋もまた、恋愛をテーマに数々の作品を生み出しました。

　透谷は『厭世詩家と女性』の中で「恋愛は人生の秘鑰なり」（現代語訳：恋愛こそが人生の至上価値である）と述べています。家と家同士の結婚が主流であり、自由恋愛が制限されていた当時の日本において、西洋的な透谷の恋愛観は、藤村に大きな影響を与えたことでしょう。**藤村の第一詩集『若菜集』では、女性への切ない恋心や初めての恋の楽しさが抒情的な言葉で綴られ、多くの若者の支持を集めました。**

　花袋もまた、恋愛小説『蒲団』で、文壇から注目を浴びました。主人公の中年男性・竹中時雄が女学生の横山芳子に恋をする様子は「気持ち悪い」とも評されがちですが、時雄の不器用な恋愛模様は、『おっさんずラブ』で部下の春田創一に思いを寄せる黒澤武蔵さながらの愛おしさ。**『蒲団』に刺激を受けた藤村は、姪との関係を綴った『新生』を発表し、世間を驚かせた**のです。

松尾芭蕉が好きすぎて…

ロマン派の詩人だった藤村が、小説家として傾倒した「自然主義文学」とは、19世紀末にフランスで生まれた、ありのままの姿を描くことをモットーとする文学ジャンルのこと。前述の花袋のほかに、松尾芭蕉の影響を受けた藤村は、自然主義文学にのめり込んでいきます。藤村は少年時代から『おくのほそ道』などを愛読し、芭蕉の足跡を辿る旅をしたこともありました。**フランスに滞在した際には、芭蕉全集を手放さず、カバンの中から取り出しては読んでいた**そうです。

藤村は芭蕉のように、自然をこよなく愛し、自然をありのままに表現する名人でした。藤村が行ったように、英文法に惑わされず、情景を想像しながら、イギリスの美術評論家ラスキンの『Modern Painters』の一節を訳してみましょう。

When this vapour collects into masses, it is partially rounded, clumsy, and ponderous, as if it would tumble out of the sky, shaded with a dull grey, and totally devoid of any appearance of energy or motion.

藤村の訳：水蒸気の集りてこの形をなすや、さながら空より転び落つらんように、円く、重く、厚らかに、濃き灰色の陰なして、活動と力との姿に乏しきものとなせり。　　引用：八木功『島崎藤村と英語』双文社出版 2003

現代語訳：水蒸気が集まってこのような形を成したかたまりの一部は、空から落ちてきそうなほどに丸くて重くて厚みがある。濃い灰色の陰の部分には、（雨を降らせるほどの）エネルギーや力はない。

詩人・島崎藤村は音楽のプロでもあった!?

　文豪の藤村がバイオリンやピアノにすぐれ、東京音楽学校（現在の東京藝術大学音楽学部）にも通っていたことは、あまり知られていないかもしれません。そんな藤村の西洋音楽好きのルーツは明治学院時代にさかのぼります。友人といっしょに讃美歌を歌うこともあったのだとか。**藤村はのちに母校の依頼を受け、明治学院の校歌の作詞も手がけました。**

　藤村は讃美歌の翻訳や翻案も得意としていました。西洋音楽は、日本文化になじみのない三拍子の音楽を基本としており、そういった曲の歌詞を日本人が歌いやすい言葉に置き換えるには、高度な日本語のセンスが求められます。幼いころ、平田篤胤（和歌に触れて独自の言霊論を見出した江戸時代の国学者）に傾倒していた父親のもとで和歌に親しんだ藤村には、その素質が十分にあったようです。

やってみよう

　藤村は、牧師の植村正久が翻訳した讃美歌319番の一部を恋愛の歌に替え、『若菜集』の中で「逃げ水」として発表しました。原曲の歌詞と比較しながら、藤村の言葉のリズムを味わってみましょう。

讃美歌319番	「逃げ水」
I love to steal awhile away	ゆふぐれしづかに
From every cumbering care,	ゆめみむとて
And spend the hours of closing day	よのわづらひより
In humble, grateful, prayer	しばしのがる

引用：森一『明治詩人と英文学 ―静かな哀しき調べ―』国書刊行会 1988

THE GREATS

1876〜1928年

学歴や恋愛へのコンプレックスを語学にぶつけた医師

野口英世

幼少時代、左手に大やけどを負い、手術を経験して医学の道を志す。米ロックフェラー医学研究所を拠点に世界で活躍し、ノーベル賞の候補にも挙がる。西アフリカで黄熱病の研究中に自ら感染。51歳没。

スペルの規則に気づけば英語は難しくない？

　児童向けの伝記などで知られる英世のイメージは、「幼少期に囲炉裏の中に落ち、左手に負ったやけどのせいでいじめられるも、逆境を乗り越え、医師として世界的な成功を収めた」というものではないでしょうか。英世が成功した要因には、**英語をはじめ、ドイツ語、フランス語、スペイン語、中国語、ロシア語…と、複数の言語をマスターした高い語学力がありました。**福島で生まれ育ち、成人するまでに留学を経験したことのない英世が、なぜこれほどまでに多くの言語を習得できたのでしょうか。

　15歳のころ、友人たちの寄付金により、福島の会陽医院で左手の手術を受けた英世は、医師を志すようになります。友人といっしょに村の菩提寺に通い、住職に漢文と英語を教わり始めると、英世は驚くべき英語の上達ぶりを見せました。住職が使った教科書は、当時最も広く用いられていた『ナショナル・リーダー』。その教科書は1巻から5巻まであり、段階的に英文の難易度が上がっていくというものでしたが、**友人**

が1巻で苦戦しているあいだに、**英世は2巻を読みこなせるようになっていた**のだとか。友人が英世に、どうしてそんなに早く英文を読めるようになるのかと尋ねたところ、英世は「**英語は綴り字から覚えていくとわけはない**」と語ったといいます。「英語を綴り字から覚える」というのが具体的に何を意味していたのかはわかっていませんが、「英文のスペルを見て規則性を見出す」ということだとしたら、英世のこの発言には一理あるのです。

　英単語のスペルと発音の関係を考えてみましょう。「know」の「k」や「Wednesday」の「d」のように、スペルとしては存在するが、発音しないという文字も多く、このような不規則な部分が英語学習では何かと強調されがちです。しかし、実は**英単語の75〜84％が一定のスペルのルールに基づいて発音できる**ことが研究でわかっています。例えば「have」や「five」、「save」といった英単語を考えるとしましょう。発音すると語尾が「v」音で終わります。言語学者のメアリー・アボット氏によると、そのケースのスペルは**99％の確率で「ve」になる**そうです（例外は「of」）。つまり、例外を気にせず、規則に従えば、少なくとも英語のスペルと発音の関係はほぼマスターできることになります。

　英世は高等小学校時代の4年間、体操を除いて常に首席であったといわれています。のちに理系の道へと進む英世ならではの視点で英語のスペルの規則性に気づいたからこそ、英世は英語を上達させることができたのかもしれません。

失恋をバネに語学に奮闘！

英世は高等小学校卒業後、自身が左手の手術を受けた会津の会陽医院にて、書生として住み込みで働いていました。そのころ、ある女性に恋をしました。その女性は会津女学校に通う、会津藩の山内家の直系の娘、山内ヨネ子。会陽医院の表で新聞を読んでいた英世は、いかにも良家の子女らしい品格が漂うヨネ子に一目惚れをしたのだとか。

それから2か月が過ぎたクリスマスイブの日のこと。英世はフランス語の勉強のために通っていた教会で偶然ヨネ子を見かけました。その帰り道、会陽医院の院長の妹に尋ね、会津藩の山内家の子女であることを初めて知ったそうです。

ヨネ子と英世とでは家柄に天と地ほどの差がありましたが、英世はその恋を諦めませんでした。**早速筆を執り、冒頭に美しい漢文を添え、ヨネ子の親友「マチ子」の偽名を使って手紙を送った**のです。

女学生のヨネ子には漢文などわかりません。手紙の最後には「S・N」（英世の幼名である「野口清作」のイニシャル）とあり、間違いなくマチ子ではありません。その手紙は母親を介し、後日女学校の担任の先生に渡されました。

英世は絶対に返事が来ると自信満々だったようですが、10日を過ぎても一向に返事が届きません。英世は新たに手紙を書き、今度はそれを格子戸のあいだから投げ入れました。その手紙も最終的に母親を介して女学校に送られてしまいました。

そういうことが繰り返される中、放っておけない事態であると判断した女学校はとうとう対応に出ました。手紙に記されたイニシャルと筆跡から、英世のしわざであることが判明し、英世は自身が通っていた教会の牧師からこのようないたずらをやめるよう諭されました。英世からすればそれは単なるいたずらではなく、交際の申し込みのつもりでとった行動。納得のいかない英世がその旨を牧師に伝えたところ、ヨネ子には全くその気がないことを告げられたそうです。

英世は上京後もヨネ子と偶然再会を果たします。父親の跡を継ぐべく医師をめざしていたヨネ子ですが、親族から猛反対され、父親の友人を頼って入学した先が、なんと英世のいる済生学舎。英世は**講義の合間、黒板の前に立ち、得意のドイツ語や英語を黒板に書いてペラペラしゃべっていた**ようですが、これも成長した自分の姿をもってヨネ子の気を引く作戦であったのでしょう。あるときは下宿先にあった頭蓋骨の標本をこっそり持ち出してヨネ子にプレゼントしてみたり、横浜開港検疫所での勤務中に清国行きが決まったときにはヨネ子に会うも握手さえも拒まれたり、清国から帰ってくると今度はプロポーズを考えたり…。**何度もアタックを試みたようですが、ヨネ子の心が英世に向くことは決してありませんでした。**

「立派になった自分にいつかは振り向いてもらえる」。そう信じ続けたことが、英世が失恋してもすぐに立ち直り、語学を継続する動機につながったのでしょう。そして、ヨネ子に決定的に振られたあと、恋愛に費やしたエネルギーを語学に移したことにより、ますます語学で本領を発揮し、医師として成功を収めることができたのです。

出世の原動力は学歴コンプレックス!?

英世が51歳で生涯を終えるまでに執筆した論文の本数は、204本にのぼるといわれています。それには単なる実験データの羅列にすぎないものも含まれますが、**最終的に執筆した論文のうち、104本が医学界のトップジャーナルである『Journal of Experimental Medicine』に掲載されました。**その輝かしい功績の裏には、凄まじい学歴コンプレックスがありました。

当時の日本には、帝国大学卒の医師とそうでない医師とのあいだに明らかな格差があり、英世は順天堂医院や伝染病研究所で研究を任せてもらうことができませんでした。仕事といえば、雑誌編集の手伝いや図書の整理、細菌の培養・検出くらいで、専ら下っ端の語学要員に徹していました。

やがて、英世の生活に転機が訪れます。見習い助手から正式な助手となったその翌年、私立の伝染病研究所が国立に移管されることに伴い、アメリカのジョンズ・ホプキンス大学病理学教授のフレキスナーが来日したのです。「たとえ臨床経験が乏しくても、外国に招かれるほどの伝染病の大家にでもなれば、故郷の村人たちに名医として認めてもらえる」という思惑で、細菌学を専門分野としていた英世にとって、フレキスナーの来日は願ってもないチャンスです。

元々「研究は投機、または賭けの一種だ!」という考えの持ち主であった英世は、一か八かの賭けに出ます。当時の医学界はドイツ派が主流であり、ドイツ語を話せる日本人は森鷗外をはじめ、ごまんといましたが、**英語を話せる人となると稀有な存在。英語のできる英世はそこに目をつけ、フレキスナーに近づいて自らを売り込む作戦に出た**のです。

ところが、正式な助手に昇格したとはいえ、あくまで上級職員の手伝いという立場。フレキスナーの目には単なる英語使いとしか映らず、晩餐会のときには、別室で待機させられてしまいました。

　ここで諦めないのが英世です。二日間にわたる東京案内の際、順天堂医院と伝染病研究所で研鑽を重ねてきた優秀な研究員のふりをしてフレキスナーに近寄り、あわよくば研究員の職をゲットするという作戦に出ます。

　外国の学者は何より実績を重視します。フレキスナーに論文を見せてほしいと言われた英世ですが、披露できるものが一つもありません。仕方なく順天堂の医学雑誌に発表した「小児の足の壊疽について」と、日本語に翻訳した「病理学細菌学検究術式要綱」を見せましたが、いずれも日本語で書かれています。

　なんとかフレキスナーに気に入られようと、言葉巧みな英世は「アメリカはこれから伸びる国です。アメリカ医学も発展するでしょう」というお世辞を述べましたが、作戦が奏功することはありませんでした。

　その後、横浜、清国・牛荘での勤務を経て、**英世が向かった先は、なんとペンシルベニア大学にあるフレキスナーの研究室。「どうしても働きたい」という思いを熱弁した**のです。結局、英世の図々しさに押し切られたフレキスナーは英世をしぶしぶ助手に採用。研究室に所属してからの英世は寝る間も惜しんで研究に没頭して、蛇毒に関する論文をフレキスナーらと連名で発表。「ヒデヨ・ノグチ」の名を世界に轟かせました。

論文は間違いだらけ!?

江戸時代、オランダ医学の発展に寄与した人物といえば杉田玄白ですが、玄白が実際に仕上げた『解体新書』は誤訳のオンパレード。アメリカ医学の発展に寄与した英世も、使う英語は褒められたものではありませんでした。

日本国内ではすぐれた英語の使い手とされていた英世ですが、アメリカの医学界では、自身の英語が通用しない現実にぶつかります。『Journal of Experimental Medicine』に収められた英世の論文「Immunological Studies on Pure Cultures of Various Spirochetes」（多種多様なスピロメータの単純培養に関する免疫学研究）のConclusions（結語）の一節を見てみましょう。

Experiments were carried out for the study of culture spirochetes in their relation to various immunity reactions in vitro.
日本語訳：試験管内でのさまざまな免疫反応と関連させつつ、培養スピロヘータを研究するために実験を行った。

一見すると何が間違いなのか気づけませんが、**本来医学界で「免疫反応」を意味する英単語は「immune response」。免疫学では初歩的な単語ですが、英世はこれを誤って「immunity reactions」と記載していました。**

日常的な英会話はこなせても、医学的な専門用語を習得するのは、英世にとっても難しいことだったようです。

止まらない浪費癖

語学や研究に情熱を注ぐ一方で、金遣いが非常に荒く、常に金欠であった英世は、**ゆくゆくは結婚するからと言って女性をその気にさせ、大金を払わせては、横浜の一流料亭で一晩のうちに使い果たした**こともあったとか。「**銭を持っているのは怖い**」が口癖であった英世は、お金を手に入れてもただ使い果たすことしかできなかったのかもしれません。

やってみよう

英世はアメリカへ向かう船の中で、シェイクスピアの『ヴェニスの商人』を一心不乱に読んでいたそうです。第2幕第7場、富豪の娘ポーシャに求婚するモロッコ王が選んだ金の箱から出てきた巻物には、こんな言葉が書いてありました。モロッコ王は求婚に失敗して退場しますが、これを読んだ英世はどんな気持ちだったのでしょうか。想像しながら訳してみましょう。

All that glisters is not gold,

Often have you heard that told.

Many a man his life hath sold

But my outside to behold.

日本語訳：光る物すべて金ならず。
　　　　あなたはそのことわざを聞いたことがあるでしょう。
　　　　私の美に目を奪われ、
　　　　命を終えてしまった男は多いものです。

THE GREATS

1886〜1912年

借金地獄に陥りながらも英語でロマンを学んだ詩人

石川 啄木

詩人・歌人。代表作は第一歌集『一握の砂』。一首三行書きの独特の歌風で一躍有名となるも、第二歌集『悲しき玩具』の存命中の刊行が叶わぬまま、26歳という若さで永眠した。

英詩をひたすらノートに書き綴る

　学生時代、教科書の隅にパラパラ漫画を描いて退屈な授業を凌いだという人は多いはず。天才的詩人と評される啄木もその一人でした。

　厳密に言うと、啄木が書いたのはパラパラ漫画ではなく英詩。**授業中に、19世紀前半のイギリスの詩人バイロンの詩の一節「I love the man, but nature more」をノートに50行、60行…とひたすら書き綴っていた**のです。啄木の綴りには若干のスペルミスがあり、正しくは「I love not man the less, but nature more」（私は人を愛する心が弱いのではない。自然を愛する心が強いのである）ですが、バイロンの代表作『チャイルド・ハロルドの巡礼』の第4編から引用した詩句であるとされます。

　啄木は中学3年生のころ、のちに国語辞典の編纂者となる上級生の金田一京助から、文学雑誌『明星』の第3号を借りて読んでいます。ちなみに、京助は啄木と高等小学校時代に知り合い、上京後は借金魔の啄木のために自分の蔵書を売り払い、下宿代を工面するほどの仲でした。当時の『明星』には英文学関係の論文や紹介記事が掲載されており、啄木

はその雑誌を通してバイロンを知ったそうです。

　『明星』の第3号には、前述のバイロンの詩の一節について以下のような解釈が掲載されています。

　天然を愛するということは人間の特性であって、とりわけ詩人においてはごく自然なことであります。世を捨て、また人に捨てられながら、どこかで冷ややかに世を憂えてきたバイロンも、天然への執着の思いを抑えることはできなかったのです。（現代語訳）

　子爵夫人との不倫や異母姉との禁断の恋愛など、数多くのスキャンダルを起こしたバイロンへの世間の目は厳しく、バイロンは母国イギリスを離れ、スイスやイタリアを放浪し、退廃的な生活を送ります。その中で、大いなる自然に母性を感じ、生まれた一節が「I love not man the less, but nature more」でした。当時、のちの妻となる節子との初恋と、ロマン主義文学に夢中だった啄木は、その詩句に自ずと惹かれ、繰り返しノートに書いたのでしょう。

　啄木には、**読書をして感動した箇所を書き留めておき、日記や手紙の中で引用する癖**があったといいます。英語学習は「継続は力なり」です。実際に手を動かしてノートに書き出し、またそれを習慣づけたことが、啄木の英語力の向上につながったのかもしれません。

カンニングがバレて中学退学！

　啄木がなぜノートにバイロンの詩句を繰り返し綴ったのかというと、学校の授業よりも文学活動や恋愛に夢中になっていたからというのが大きいですが、もう一つ重要な理由がありました。実は**学校教育への反感を募らせていた**のです。

　幼いころから村の人々のあいだで「神童」と呼ばれ、渋民尋常小学校を首席で卒業した啄木。盛岡高等小学校の3年次には学術講習会（現代で言うところの、高校受験のための予備校）に通い、岩手県下の最難関校である盛岡尋常中学校の入学試験を受験生344名中10位という好成績で突破しました。ところが、入学後、学年が上がるごとに校内順位が下がっていき、3年修了時には135名中86位まで落ちてしまったのです。

　学業不振の原因の一つとなった出来事が、学内で起きたストライキ事件でした。若くて優秀な教員が年配の教員にいびられ、学校をやめていくことに不満を募らせた上級生が、ストライキを計画し、授業のボイコットを行ったのです。このストライキのリーダーは、のちに『銭形平次捕物控』の作者として知られる野村胡堂でした。啄木もこれに加わりました。遅刻や欠席を繰り返したり、授業中にあくびしたり…。**成績がどんどん下がり、最終学年の5年生のころには落第必至とされる中、2回連続でカンニングを行ったことが学校にバレてしまいます。**落第が決定的となったため、啄木は自主退学し、上京を決意します。

英語の自習グループを仲間と結成

　学業を疎かにしていたものの、啄木は課外での文学活動に精力的に取り組んでいました。

　3年に進級して間もないころ、啄木は同級生4人に呼びかけ、自主的に英語を勉強する課外活動の場として「ユニオン会」を結成しました。ユニオン会を構成する5名のメンバーといえば、尼ケ崎製鋼の重役となる阿部修一郎や、早稲田大学教授となる小沢恒一（こういち）など、のちの日本を支える顔ぶればかりでした。

　ユニオン会では、当時の盛岡尋常中学校で5年生用として指定されていた英語教科書『ユニオン第4リーダー』を教材に使用していました。2学年上の教材を選んだ点を踏まえると、メンバーは少なくとも同学年の中では抜きん出た英語力を有していたことが考えられます。

　毎週土曜日の夜、各人の家で開催されたユニオン会では、**当番を決めて1章ずつ訳読をし、その内容について1時間議論する**という形式がとられました。その後は、互いに持ち寄った新聞記事や本の感想を語り合ったり、恋愛談議に花を咲かせたりしたといいます。ユニオン会の仲間たちは、度重なる啄木の借金などを理由に一度は啄木と決裂するも、生涯の友となります。

　啄木を含むメンバーたちは「訳読→プレゼンテーション→ディスカッション」というプロセスを繰り返すことで「読む」「書く」「話す」「聞く」の英語4技能を万遍なく身につけ、社会で使える英語を確実にモノにしていったのです。

洋書にハマりすぎて借金地獄に…

啄木の歌で最もよく知られる「はたらけど／はたらけど猶わが生活楽にならざり／ぢつと手を見る」。これに象徴されるように、啄木は貧しい暮らしを送っており、26年の短い生涯で、60人以上からお金を借りたといわれています。その総額は1,372円50銭。当時の1円を現代の1万円として換算すると、1,300万円以上に相当します。啄木はこれらの借金を踏み倒し、ほとんど返済することはありませんでした。

浪費癖の激しい啄木は、家族や知人から借りたお金を酒や遊びに使うほか、高額な洋書の購入にもあてていました。姉のトラから10円が送られてきたときには、**バイロンの『チャイルド・ハロルドの巡礼』やラムの『シェイクスピア物語』、テニスンの詩集など、欲しかった洋書5冊を速攻で買いに行った**のだとか。さらに、**その送金から1か月も経たないうちに、ワーズワスやロングフェロー、ゴーリキーなど、世界の名立たる詩人が出した詩集、合計8冊を購入しました。**

当時、海外の文学集は庶民には手の届かない貴重品でした。洋書が啄木の英語力向上に一役買ったことは間違いありませんが、借金を踏み倒してまで、高額な買い物を続ける啄木の振る舞いは、周囲の目にどう映っていたのでしょうか。生計を立てるため、故郷の岩手、東京、北海道など住居を転々としながら、教員、新聞記者、校正者などいろいろな職業に就きますが、どれも長続きしなかったといいます。

ドイツ人と英語で語り合う

　ある日、啄木は小樽に住む姉に会いに、函館からドイツ船ヘレーン号に乗り込みました。啄木が友人に宛てて書いた手紙によると、**船員のドイツ人や中国人たちと楽しく英語で会話した**のだそうです。特に**ドイツ人の船長と機関長とは意気投合し、日本の美しい景色などについて語り合った**といいます。

　日本語と同様、英語にも、国や地域によって異なる方言が存在します。また、当時のイギリスは基本的に階級社会であり、階級の差が言葉に表れます。かつてロンドンに渡った夏目漱石は、労働者階級が話す英語の一種であるコックニーに苦労し、それが神経衰弱の悪化の原因になったとも伝えられています。

　漱石は主に英語の「意味」を究めた人です。英文学作品を研究していた漱石ですが、その焦点はあくまで語の概念や美意識であり、英語の「音声」には疎かったといいます。

　日本語は1文字あたり1音ですが、英語は1音節（一つの母音を中心とした音のまとまり）あたり1音とし、音節ごとに強弱をつけます。この強弱が方言によって異なるため、啄木のように多様な英語を聞き取るのは至難の業ですが、啄木は歌人という職業柄、英語の「音声」に自ずと意識が向いていたのかもしれません。また、漱石が諦めていたスコットランドやアイルランドの詩人の作品の読解にも果敢に挑戦していました。こうして、**世界各国の詩に没頭し「音声」を究めたことが、多様な国の人々と英語で会話する力につながった**と言えるでしょう。

啄木の人生を揺るがした1冊

啄木は盛岡尋常中学校を中退後、進路に悩んでいました。そんなときに出会ったのがヨネ・ノグチ（日本名は野口米次郎）の英詩集『From the Eastern Sea』（和名『東海より』）でした。僧侶でありつつ歌人でもあった父親の影響で歌にめざめ、在学中は英詩の世界にのめり込んだ啄木ですが、**『From the Eastern Sea』が詩人としての人生を歩んでいく覚悟を決めるきっかけを与えた**といいます。

啄木は1904年1月1日付の『岩手日報』の紙面上で『From the Eastern Sea』の「Dedication to the Spirits of Fuji Mountain」（富士山の霊に捧ぐ）の一節を訳し、書評を展開しました。**当時、17歳の少年が訳したとは思えない卓越した翻訳の才能に注目が集まりました**。葛飾北斎や歌川広重も描いた、まさに日本文化の象徴である富士山。その霊性に着目しながら訳してみましょう。

Fuji Yama,

Touched by the divine breath,

We return to the shape of God.

啄木の訳：富士山よ
　　　　　汝が聖なる呼吸に触れれば、
　　　　　我等は神の姿にかえるよ。

ワーズワスの詩で英語学習

詩人としての啄木の人生に最も強い影響を与えたのが、19世紀前半のイギリスの詩人であるワーズワスでした。ワーズワスは、島崎藤村や国木田独歩も好んだとされ、近年は清少納言や松尾芭蕉の思想にも通ずるものがあるとして注目されています。

1910年に出版された啄木の第一歌集『一握の砂』では、**「小児は成人の父なり」**（無邪気な子どもは尊い存在であり、子どもらしい心を殺して大人になることが世の常だが、その心を持ったまま死ぬことができたら理想）という幼児観が前提となっていますが、その考えは**ワーズワスの傑作と評される短詩『虹』から着想を得た**ものとされています。

やってみよう

ワーズワスの『虹』には「子どものころに虹を見たときの感動を年老いても失いたくない」という気持ちが込められています。幼いころ、虹を見たときのことを思い出しながら『虹』の冒頭部分を訳してみましょう。

My heart leaps up when I behold
A rainbow in the sky:
So was it when my life began,

啄木の訳：わが心 躍る
　　　　　空に 虹を見るとき
　　　　　わが生命のはじめに かくありき、

　　　　　引用：森一『明治詩人と英文学 ―静かな哀しき調べ―』国書刊行会 1988

膨大な量の本を
超高速で読破した小説家

芥川龍之介

短編小説『鼻』を夏目漱石に絶賛され、『今昔物語集』を題材にした『羅生門』や、中国の説話によった童話『杜子春』などを次々と手がけた。35歳のとき、薬物自殺でこの世を去った。

尊敬する人物は夏目漱石

　龍之介の人生に多大な影響を与えた人物といえば夏目漱石ではないでしょうか。東京帝国大学（現在の東京大学）の英文科在学中、短編小説『鼻』を漱石に見せたところ、このような手紙をもらったといいます。

　あなたのものは大変面白いと思います。落ち着きがあってふざけていなくって自然そのままのおかしみがおっとり出ているところに上品な趣があります。（中略）ああいうものをこれから2、30並べてごらんなさい。文壇で類のない作家になれます。（現代語訳）
引用：夏目漱石「大正5年（1916）2月19日 芥川龍之介あて書簡」
『漱石全集 第二十四巻 書簡 下』岩波書店 1997

すでに一流の作家の仲間入りをしていた漱石から高く評価されたことで自信がついた龍之介は、作家の道を歩んでいく決心がついたといいます。
　漱石と龍之介は、ともに東京帝国大学（漱石在学時は帝国大学）の英文科を卒業しています。非常によい成績で英文科に進学した龍之介は、漱石の「F＋f」や「howとwhy」の話をまとめた『文学論』にも相当親

しんでいたといわれています。残念ながら、**龍之介が英文科に在籍していたのは漱石が去ったあとだったので、漱石の講義を聴くことができず、英文科の教師たちへの不満を漏らしていた**そうです。

　二人には、母校のほかにも多くの共通点があります。元々漢学を学んでいた漱石は、英文学に転向して帝国大学英文科を卒業し、愛媛県の松山中学校や熊本県の第五高等学校などに英語教師として赴任。英文学研究のためロンドンに留学し、帰国後は朝日新聞社に勤務する傍ら、『三四郎』や『門』などの小説を発表しました。

　龍之介は同じく英文科を卒業後、横須賀にあった海軍機関学校に英語教師として赴任。海外留学は経験していませんが、大阪毎日新聞社（現在の毎日新聞大阪本社）に勤務する傍ら、『地獄変』などの小説を執筆しています。漢学に造詣があったわけではありませんが、大学での専攻を英文学にすべきか、中国文学にすべきか迷っていた時期もあったようで、中国文学に関心を持っていた点でも漱石と共通しています。

　また漱石は、ロンドン留学中に出会った私的教師クレイグを回想し、『クレイグ先生』という作品を残しています。一方、龍之介は府立第三中学時代に出会った英語教師を回想して『毛利先生』という作品を執筆しており、これは漱石の『クレイグ先生』とタイトルも趣旨も似ています。

　漱石と龍之介の経歴にいくつか重なりがあるのは、単なる偶然だったのでしょうか。もしかすると、漱石への憧れを募らせた龍之介の、漱石のようになりたいという願望から出た結果であったのかもしれませんね。

龍之介は大正時代の金八先生!?

龍之介の幼少のころの夢は、意外にも海軍士官になることでした。大学時代には英文学者をめざしていましたが、就職先に海軍機関学校を斡旋されたときには、その影響もあってか、迷わず就職を決めたといいます。

あくまでも嘱託教師としての勤務だったため、教師業と並行しての執筆業も許されていまし

たが、龍之介は教師の仕事に手を抜くことはありませんでした。将来生徒たちが海軍士官として自分の意見を英語で伝え、外国人の英語を理解することができるよう、外交官同様の英語力を身につけさせるべく、講義に励んだといいます。

直立不動の教師ばかりの中で、椅子に座って足を組みながら講義をする龍之介は、異色の存在でした。**トレードマークの長い髪を振り乱し、黒板いっぱいに英単語を書き出す姿は、さながら金八先生のようだったに違いありません。** ほかの教師とは全く異なる龍之介の雰囲気に惹かれる生徒は多かったようです。

生徒の加納美佐雄が病気で長期入院を余儀なくさせられたときには、美佐雄が勉強についていけなくなることを懸念し、**終業後に遠い道のりを歩いて病院を訪れ、病室で補習授業を行っていた**のだとか。龍之介のその献身ぶりに感激した美佐雄は、それ以来英語ではクラスでトップの成績を修めたそうです。

一日1,000ページ以上を読破！

英語上達の秘訣は多読にあるといわれています。高校、大学を通じて英文学を専攻していた龍之介が、英語の多読環境にあったのは言うまでもありませんが、注目すべきは類まれなる読書スピードです。**誰かとしゃべりながらも膝の上に本を置いて読むという「ながら読み」手法で、洋書も一日1,230ページほど読破した**そうです。友人から数百ページに及ぶ洋書を借りても、翌朝には必ず返すものですから、本当に読んでいるのか気になった友人が本の内容を尋ねたところ、的確かつ流暢な答えが返ってきたそうです。

友人の菊池寛（かん）といっしょに関西を旅行した際には、分厚い洋書を5、6冊持参しても、一晩ですべて読み切ったのだとか。一般的に、眠れないときには難しい本を読むのがよいといわれていますが、**龍之介の場合は逆効果で、ますます興奮して目が冴えるものですから、睡眠薬を手放せない生活を送っていた**といいます。もちろん、その晩も眠れず、さらに谷崎潤一郎の本に手を出して読み始めたそうです。

速読に慣れている人は、**すでに出てきた単語をスキップし、行の途中で下の行に目を移しながら読む**

傾向にあり、多少読み飛ばしても問題なく文章を理解していることが研究でわかっています。龍之介が超人的な速読を行うことができたのは、以上のような速読術を実践していたからではないでしょうか。

「単語を理解する」とは？

　知らない単語に出会ったとき、私たちは辞書でその意味を調べます。それで理解した気になってしまいますが、そもそも「単語を理解する」とは、どういう状態を指すのでしょうか。これについて独自の見解を持ったのが龍之介でした。龍之介は、**単語を理解することは、文字を読んでその意味を理解すること**であると考えました。さらに、**文字は魂の入った肉体であり、魂が入っていなければ死骸のようである**と主張しました。

　そうすると、「単語を理解する」とは、文字に宿った魂を理解することであると考えられますが、一体どのようにすれば私たちは文字の魂を理解しうるのでしょうか。

　「桜」という単語を例に考えてみましょう。『広辞苑』（第7版）で「桜」を調べると、以下のように掲載されています。

バラ科サクラ属の落葉高木または低木の一部の総称。同属でもウメ、モモ、アンズなどを除く。中国大陸やヒマラヤにも数種あるが、日本に最も種類が多い。園芸品種が非常に多く、春に白色や淡紅色、濃紅色の花を開く。八重咲きの品種もある。日本の国花ともされ、古くは「花」といえば桜を指した。材は均質で器具材・造船材などとし、また、古来、版木に最適とされる。樹皮は咳止薬（桜皮仁）に用いるほか曲物などに作り、花の塩漬は桜湯、葉の塩漬は桜餅に使用。

　以上の記述は植物学上の桜の定義に始まり、桜の樹皮や葉などの用途に終わっています。しかし私たちは、この記述のとおりに、桜を理解しているわけではありません。多くの人は桜を見たとき、「バラ科サクラ属の落葉高木または低木の一部の総称だ」と認識したり、あるいは「桜の皮は咳止め薬にも使われている」とウンチクを語ったりしません。きっと「美しい」と捉えるはずです。

　桜に付随するのは「美しい」という感情だけではありません。桜が咲く時季には卒業式や入学式があり、桜は別れや出会いを象徴するものでもあります。これらに付随する感情といえば、「寂しい」「わくわく」といったものでしょうか。

　さらに、桜が満開を迎えるころには、各地で花見が催されます。そこには「楽しい」などの感情が付随します。

　こうして桜に関連するモノ・コトを紐解いていくと、さまざまな感情が連鎖的に付随します。龍之介は**「文章の中にある言葉は辞書の中にある時よりも美しさを加えていなければならぬ」**（『侏儒の言葉』）と語りました。つまり、龍之介の言う「単語を理解する」とは、辞書上の定義を知るだけではなく、単語から呼び起こされる感情や経験に想いを馳せることなのです。もしかすると、それは小説家としても英文学者としても憧れの存在であった漱石の「F＋f」の話から辿り着いた考えなのかもしれませんね。

　これは日本語に限らず、英語でも同じことです。英単語の意味がわからないとき、「辞書で調べて終わり」となっていませんか。辞書の定義を知るだけでは、その意味を理解したことにはなりません。**辞書を引き、さらに自分の経験に照らし合わせながら考えて初めて、単語が理解できる**のではないでしょうか。

may「〜かもしれない」を普及させたのは龍之介!?

rather than 〜
「〜よりはむしろ」

in spite of 〜
「〜にもかかわらず」

may 〜
「〜かもしれぬ」

英語の文法書を開くと、助動詞mayに対応する日本語訳として「〜かもしれない」が載っています。文法書ではおなじみのこれらの日本語訳を普及させたのが、漱石と龍之介であることはご存じでしょうか。

漱石は、デビュー作『吾輩は猫である』に見られるように、同時代の作家に比べて簡潔でわかりやすい文体で知られています。rather than 〜「〜よりはむしろ」、in spite of 〜「〜にもかかわらず」、may 〜「〜かもしれぬ」、must 〜「〜ねばならぬ」といった、文法書や単語集でおなじみの日本語訳を当てたのも漱石の功績です。**龍之介は自身の作品の中で、漱石が考えた欧文直訳調の文体を多用しました。**

龍之介は、平安時代後期に成立したと伝えられる説話集『今昔物語集』に関心を持ち、それをもとに『羅生門』や『鼻』、『芋粥』などの短編小説を生み出しました。『今昔物語鑑賞』と称した評論も発表しています。評論の以下の一節にも、欧文直訳調の文体があるのがわかるでしょうか。

もしまた紅毛人の言葉を借りるとすれば、これこそ王朝時代のHuman Comedy（人間喜劇）であらう。

引用：芥川龍之介「今昔物語鑑賞」『芥川龍之介全集 第十四巻 玄鶴山房 河童』
岩波書店 1996

英語の「if」を使って条件を表す副詞節の日本語訳「もし〜なら」が見受けられますね。こうして、龍之介は英語からの直訳表現を作品の中にたくさん取り込みながら、現代日本語の確立に貢献しました。

芥川龍之介　膨大な量の本を超高速で読破した小説家

『不思議の国のアリス』の翻訳も手がけていた！

イギリスの作家キャロルの児童小説『不思議の国のアリス』は、ディズニー映画の原作にもなっているので、多くの人が知っているでしょう。主人公の少女アリスが忙しそうにしているうさぎを追いかけたところ、穴の中に落ちてさまざまな不思議な体験をするという物語です。

龍之介が友人の菊池寛とともにその翻訳を手がけていたことは、あまり知られていないかもしれません。龍之介の存命中の発表はかなわず、亡くなってから約4か月後に、興文社、文藝春秋社発刊の『小学生全集』の1冊として出版されました。

 やってみよう

以下は、アリスが穴の中の不思議な世界でドアを開け、テーブルの上に置いてあった瓶を手にする場面です。瓶の中に入っている飲み物の味を想像しながら訳してみましょう。

However, this bottle was not marked "poison", so Alice ventured to taste it, and, finding it very nice, (it had, in fact, a sort of mixed flavour of cherry-tart, custard, pine-apple, roast turkey, toffy, and hot buttered toast), she very soon finished it off.

龍之介の訳：けれども、此の瓶には「毒薬」と書いてありませんでしたから、アリスは思ひ切つて、嘗めて見ました。すると、大層うまいものですから（それは櫻桃の饅頭だの、カスタードやパインアップルや七面鳥の焼肉や、トフキー、それからバタ附パンなどを、混ぜ合せたやうな味でした。）アリスはすぐにすつかり飲んでしまひました。

引用：菊池寛、芥川龍之介・訳『アリス物語 小学生全集第28巻』興文社、文藝春秋社 1927

THE GREATS

1893〜1968年

留学経験はないが
女学校と洋書で英語をマスター

村岡花子

翻訳家・児童文学者。モンゴメリなどの児童文学の翻訳で知られ、中でも花子が訳した『赤毛のアン』シリーズは今も多くの読者に愛されている。NHKの連続テレビ小説「花子とアン」の主人公のモデル。

学校では体育の号令もすべて英語！

　花子は10歳のとき、父親と学校創設者とのあいだに信仰上のつながりがあった、キリスト教系の東洋英和女学校（現在の東洋英和女学院）に編入しました。当時そこに在籍していた多くの女学生とは異なり、花子の家は大変貧しく、給費生としての編入でした。

　東洋英和における英語教育は当時のほかの女学校と比較すると、特筆すべきものがありました。2年次以降は、若松賤子や津田梅子、内村鑑三などが教師を務めていた明治女学校と比べて、約2倍の英語の授業がカリキュラムに組み込まれていたのです。

　さらに、注目すべきは英語以外の授業。なんと**日本学を除く科目はすべて英語で教えられていた**のです。体操の号令までもが英語だったのだとか。世界地理の授業では先生の質問に対して英語で答えさせられたという卒業生の証言も残っています。

　「成績が悪ければ即退学！」という当時の東洋英和の厳しいしきたりの中で、花子は着実に英語力を身につけていきました。

超スパルタ！60の英文の暗唱

　花子は10歳のころから10年間、山梨の家族のもとを離れ、都内で寄宿舎生活を送りました。寄宿舎にはThe Sixty Sentences（60の文）と呼ばれる日課がありました。当時の校長であるカナダ人宣教師ミス・ブラックモアが考案し、朝起きてから夜寝るまでの一日の行動を、細かく60の英文で表したものです。寄宿生たちは毎朝これを暗唱することで、

規則正しい生活習慣や道徳規範とともに、英文法の基礎を身につけていきました。ミス・ブラックモアは時々抜き打ちで、**主語の人称や時制を変えたり、否定文や疑問文にしたりして唱えさせた**ので、花子をはじめとする寄宿生たちは相当鍛えられたといいます。

やってみよう

❶ p.132〜133に掲載されているThe Sixty Sentencesを声に出して読みましょう。
❷ すべての文章の主語をheもしくはsheに変えて、声に出して読みましょう。
❸ すべての文章を否定文に変えて、声に出して読みましょう。
❹ すべての文章を疑問文に変えて、声に出して読みましょう。
❺ すべての文章を過去形に変えて、声に出して読みましょう。

村岡花子

留学経験はないが女学校と洋書で英語をマスター

1. The rising bell rings at six o'clock.　6時に起床のベルが鳴ります。
2. I get up at once.　速やかに起きます。
3. I take a sponge bath.　濡らしたスポンジ（タオル）で体を拭きます。
4. I brush my teeth.　歯を磨きます。
5. I comb my hair.　髪をとかします。
6. I dress myself neatly.　きちんと着替えをします。
7. I read my Bible.　聖書を読みます。
8. I say my prayers.　お祈りをします。
9. I go downstairs.　階下に下ります。
10. I meet some of my classmates.　友人と顔を合わせます。
11. We greet each other.　挨拶をします。
12. We go to the playground.　運動場に出ます。
13. We play ball a little while.　ボール遊びをします。
14. The breakfast bell rings at seven o'clock.
　　7時に朝食のベルが鳴ります。
15. We go to the dining room.　食堂に行きます。
16. We eat our breakfast.　朝食をいただきます。
17. I go back to my room.　自分の部屋に戻ります。
18. I put my room in order.　部屋の整理整頓をします。
19. I get my books ready for school.　授業に必要な教科書を用意します。
20. I go to my classroom.　教室へ行きます。
21. I study a little while.　少しのあいだ勉強します。
22. The school bell rings at eight o'clock.　8時に始業のベルが鳴ります。
23. We all gather in the Assembly Hall.　講堂に集合します。
24. We have prayers.　礼拝に参列します。
25. The principal calls the roll.　校長先生が点呼をとります。
26. We divide into our Japanese classes.
　　日本語科のクラスに分かれます。
27. We begin our Japanese lessons.　日本語での授業が始まります。
28. We have a singing lesson at ten o'clock.
　　10時に歌の授業が始まります。
29. We continue our Japanese lessons.　日本語の授業が続きます。
30. The noon bell rings at twelve o'clock.
　　正午のベルは12時に鳴ります。
31. I go to the washroom.　お手洗いに行きます。
32. I wash my hands.　手を洗います。
33. I make my hair tidy.　髪の毛を整えます。
34. The dinner bell rings at ten minutes past twelve.
　　12時10分に昼食のベルが鳴ります。

35. We go to the dining room again.　また食堂に行きます。
36. We eat our dinner.　昼食をいただきます。
37. I go back to my classroom.　教室に戻ります。
38. School begins again at one o'clock.　1時に午後の授業が始まります。
39. We have a Bible lesson first.　最初は聖書の授業です。
40. We divide into our English classes.　英語科のクラスに分かれます。
41. We begin our English classes.　英語での授業が始まります。
42. We have conversation at half past one.
　　1時半から英会話の授業です。
43. School is out at three o'clock.　3時に授業が終わります。
44. Some of the daily pupils go home at once.
　　通学生はすぐに家に帰ります。
45. Some of the girls sweep and dust the classrooms.
　　お当番の生徒たちは教室のはたきがけと掃き掃除をします。
46. We have a game of hide and seek.　かくれんぼをして遊びます。
47. The others play in the yard for an hour.
　　1時間ほど校庭で遊ぶ人もいます。
48. I go to the reading room.　読書室に行きます。
49. I read the newspapers.　新聞を読みます。
50. I write a letter to my home.　家族への手紙を書きます。
51. We have a supper at half past five.　5時半に夕食をいただきます。
52. We have evening prayer after supper.
　　食事が終わると夕拝に参列します。
53. We begin to study at quarter past six.　6時15分から勉強を始めます。
54. The little girls go to bed early.　小さい生徒たちは一足早く就寝します。
55. The big girls go upstairs at nine o'clock.
　　9時になると大きい生徒たちも上の階へ戻ります。
56. We get ready for bed.　床につく準備をします。
57. I say my prayers before getting into bed.
　　床につく前にお祈りをします。
58. The last bell rings at half past nine.　9時半に最後のベルが鳴ります。
59. One of the foreign teachers comes to our rooms to say
　　"Good night".
　　西洋人の先生が「おやすみなさい」を言いに私たちの部屋にいらっしゃいます。
60. We all sleep quietly until the rising bell rings again.
　　起床のベルが鳴るまで静かに眠ります。

引用：東洋英和女学院『東洋英和女学院百年史』1984

学校の図書室の本を読み尽くす

寄宿舎では、届けを出せば週末の外泊も許されました。ほかの寄宿生たちが嬉々として実家に帰る一方で、花子は「父に報告できる成果も電車賃もない」と言い、週末は誰もいない寄宿舎で過ごすことが多かったといいます。

そのときに花子が夢中になったのが、学校の図書室の蔵書でした。大半が洋書でしたが、**16歳ごろにはすべて読み尽くしてしまった**のだとか。『若草物語』や『ロビンソン・クルーソー』といった児童文学だけでなく、19世紀のイギリスの詩人テニスンの『国王牧歌』なども読み、ロマンチックで格調高い英語にうっとりしていました。『国王牧歌』では、エレーンという婚約者がいながら、ランスロットがアーサー王の妃であるギニビアと惹かれ合い、それを知ったエレーンは悲しみのうちに死んでしまうという場面が描かれます。そのときのギニビアの複雑な心境を、花子が翻訳した一節が残っています。

　　乙女の恋は栄光の冠、人妻の恋はいばらの十字架、燃えさかる恋の
　　焔（ほのお）に二つはなかろうものを、人の世のおきては悲しくも冷たい。

花子の「腹心の友」であった8歳年上の同級生・柳原燁子（あきこ）（のちの白蓮（びゃくれん））は、この一節を覚えており、のちに**「自分がこの物語と同じような運命をたどるとは、夢にも思わなかった」**と語りました（燁子は炭鉱王だった夫と絶縁し、若い恋人と駆け落ちしました）。

必需品は聖書と英英辞典

花子の手元に常にあったのが、**聖書と、夫からもらった英英辞典の**
『ウェブスター大辞典』 という二つのアイテムでした。

貧しい行商の家で8人きょうだいの長女として生まれた花子。そのよ
うな境遇もあり、「神の名のもとに人は平等」という東洋英和が掲げる
キリスト教の精神には共鳴するところがあったのでしょう。花子は聖書
を心の支えとしてそばに置き、赤鉛筆で線を引きながら大切に読んでい
ました。一方で、花子は **「西洋人の思考や生活の基盤となっている聖書**
は、信仰の有無にかかわらず、英米文学を研究する人には必要不可欠」
であると語っており、旧約聖書の「箴言」や「詩篇」の美しい英語を暗
唱していたといいます。実際に、聖書はキリスト教の聖典であるととも
に、各時代の書き手が寄稿した文学集という顔も持ち、シェイクスピア
などの巨匠の作品にも大きな影響を与えています。花子にとって聖書は
心のパートナーであると同時に、英米文化について造詣を深めるうえで
必要なアイテムだったのです。

花子は英英辞典を翻訳の助けとするだけでなく、愛読書としていまし
た。**暇さえあれば辞典を開き、未知の英単語との遭遇を楽しんでいた**そ

うです。当時の日本にはもちろ
ん、英和辞典や和英辞典も存在
しましたが、花子があえて英英
辞典を好んで使っていたのは、
愛する夫・敬三が遺したからと
いうだけではなく、単語の正確
な意味や用法を理解するととも
に、語彙の広がりを楽しんでい
たからかもしれません。

短歌や日本文学で日本語の感性を磨く

幼いころから英語漬けの環境で育ったという点で、村岡花子と津田梅子は共通しています。梅子は幼少期、高い英語力と引き換えに、母語である日本語を忘れてしまったといわれていますが、花子は英語を学びながら、古典文学を通じて日本語のセンスも磨き続けました。

　花子は短歌を学んでいた燁子の仲介で、歌人・佐佐木信綱が主宰する短歌結社「竹柏会」に参加します。信綱の娘に英語を教えることを引き換えに、信綱に師事し、短歌を学びます。その後、**数百首に及ぶ短歌を生み出すとともに、『源氏物語』や『万葉集』への造詣も深めていきました**。花子は短歌に夢中になり、歌人になることを夢見ますが、花子の翻訳家としての才能を見抜いていた信綱は花子に、森鷗外が翻訳したアンデルセンの『即興詩人』を読ませます。それまで洋書ばかり読み、翻訳文学にあまり触れてこなかった花子は、鷗外の翻訳にたちまち魅了されました。

　数ある『赤毛のアン』の和訳版の中で花子訳の人気が突出している理由は、英語だけではなく日本語の勉強を怠らなかった花子の努力にあるのかもしれません。外国語を身につけるには、翻って母語である日本語を学ぶことが大切であると、花子は私たちに教えてくれるのです。

トゥェインの作品で英語のユーモアを学ぶ

花子は、清少納言がもしこの時代に生きていたら、現代の女性たちをこう批判するだろうと述べています。

すこしばかりものを知りたるが、おのおの我先にとみずからの才智ひけらかしていがみ合ひたる、うたてき限りなり

現代語訳：少しばかりある知識を誇示し、互いに敵視し合う姿は情けない限りである。

花子は豊かな教養を持つと同時に、ユーモアに溢れる女性でもありました。**アメリカの作家トゥェインの『王子と乞食』『ハックルベリイ・フィンの冒険』などを翻訳した花子は、原文のユーモアをできる限り日本語でも伝えようと試みました。**

やってみよう

『ハックルベリイ・フィンの冒険』で、いかだで川を下る最中に、相棒のハックとはぐれてしまったジム。疲れて眠っていたところハックに叩き起こされ、驚いたジムが言ったセリフを訳してみましょう。

Is I me, or who is I? Is I heah (here), or whah (where) is I?

花子の訳：おらはおらだろうか？　それともおらはだれだろう？　おらはここにいるだろか、それともおら、どこにいるんだろ。

引用：マーク・トウェイン・著／村岡花子・訳『ハックルベリイ・フィンの冒険』（新潮文庫）新潮社 1959

ハックとジムは学校に行かず正しい英文法を身につけていなかったため、このようにくだけた英語表現が使われています。ジムが寝ぼけて混乱する様子をユーモアたっぷりに表した訳です。

あの「クラムボン」も英語由来!? 想像力豊かな詩人

宮沢賢治

詩人・童話作家。岩手県花巻に生まれ、37年間という短い生涯のあいだに『雨ニモマケズ』や『銀河鉄道の夜』など、数多くの詩や童話を残した。農業指導者や宗教家としての顔も持つ。

賢治の作品に通底する仏教とキリスト教の精神

　賢治の童話は、大人にも容易に理解できない、幻想的でどこか謎めいた作品ばかりです。その世界観に大きな影響を与えたのは、**仏教とキリスト教の思想**でした。

　賢治は浄土真宗の信仰にあつい家に生まれました。実家は質屋を営んでおり、比較的裕福でした。子守歌代わりにお経を唱えたり、親子で住職の法話を聞きに行ったりと宗教教育に熱心な家庭環境で育ちますが、18歳のころに転機が訪れます。かねてより、貧しい農民から高い利息を得る家業に疑問を持っていた賢治は、現世での弱者救済を説く法華経の教えに惹かれ、**浄土真宗から法華経に改宗した**のです。きっかけとなったのは、島地大等という僧侶が編纂した『漢和対照妙法蓮華経』という経典でした。賢治は生涯、この経典を座右の書としていたといいます。

　こうして法華経の敬虔な信者となった賢治ですが、キリスト教にも興味を持ち、キリスト教徒と交流したり、教会に通ったりしていました。特に賢治が魅了されたのは、仏教で言うところの「慈愛」に通ずる「ア

ガペー」（無償の愛）の教えでした。

　このようにして賢治が出会った法華経とキリスト教の思想が、賢治の作品には息づいています。例えば『銀河鉄道の夜』は、孤独な少年ジョバンニが友人のカムパネルラと銀河鉄道で宇宙を旅する物語ですが、「ジョバンニ」は『新約聖書』に登場する使徒や洗礼者ヨハネのイタリア名です。ジョバンニが汽車に乗り込んだ場所は「天気輪」と呼ばれる仏教由来の石造物のある丘ですが、停車場の近くには「十字架」が立っており、汽車の中ではほかの乗客たちが「ハルレヤ、ハルレヤ」と讃美歌を合唱します。結末では、カムパネルラが川で溺れそうになっていた友人を助けようとして亡くなっていたことがわかりますが、これは法華経やキリスト教が説く自己犠牲の精神に通じます。賢治の宗教観に注目しながら作品を読んでみるのも、面白いかもしれませんね。

内村鑑三をリスペクト

　キリスト教に関心を寄せていた賢治は、友人の斎藤宗次郎を通じて、内村鑑三の思想にも影響を受けます。宗次郎は鑑三が亡くなるときまで付き添った、鑑三に最も忠実な弟子でした。

　鑑三は「英語の本質は詩にある」と考え、英米の詩を研究していました。 賢治が『春と修羅』や『雨ニモマケズ』など多くのすぐれた詩を残したのは、その影響もあるのかもしれません。

　また、鑑三は『聖書之研究』の中で、信仰と樹木が国を救ったというデンマークの話を引用しつつ、国民の精神性と農業を基盤とした国づくりの大切さを説いています。**鑑三の教えに突き動かされた賢治は、花巻に羅須地人協会を設立し、農業技術の指導に力を注ぎました。**

空想上でシルクロードを旅する

　賢治は幼いころから空想が好きな少年でした。特に賢治が憧れていたのは、中国の西方にある「西域（さいいき）」と呼ばれる地域です。『西遊記』に登場する玄奘三蔵（げんじょうさんぞう）が７世紀に旅をした場所で、玄奘三蔵は西域から膨大な仏教の経典を中国に持ち帰り、東アジアの仏教発展の礎を築いたと伝わっています。

　賢治は玄奘三蔵と自分を重ねつつ、幼少期から『西遊記』や『アラビアンナイト』を愛読していたそうです。そして、玄奘三蔵がしたように、真理を求めて西域への心象の旅を繰り広げました。賢治の西域への憧れが感じられる、『春と修羅』に収録された詩「栗鼠と色鉛筆（りす）」の一節を見てみましょう。

　　その早池峰（はやちね）と薬師岳（やくしだけ）との雲環（うんくわん）は
　　古い壁画のきららから
　　再生してきて浮き出したのだ

　　　　　引用：宮沢賢治「春と修羅」『宮沢賢治全集１』（ちくま文庫）筑摩書房 1986

　早池峰山は岩手三山の一つで、薬師岳はその南側にある山です。賢治は岩手の山々を、古い壁画のある西域の石窟にたとえました。こうして想像を膨らませて作った詩を、賢治は**「心象スケッチ」**と呼びました。

　英語学習では、文字を目や耳に入れただけではそれを理解したとは言えません。目や耳から入ってきた文字を、いかに脳内で実際のイメージへと変換できるかが重要です。賢治の場合、『西遊記』などで想像力を鍛えていたからこそ、専門書を読みこなすほどの語学力を獲得できたのではないでしょうか。

奇妙なカタカナ語にも意味がある!?

　賢治の作品を覗くと、意味不明なカタカナ語が目立ちます。それを聞いて多くの人が思い出すのは、光村図書の小学6年生の国語の教科書に掲載されている短編童話『やまなし』ではないでしょうか。2匹の蟹の子どもたちの会話を描いた作品ですが、会話に登場する「クラムボン」とは何なのか、戸惑った人も少なくないでしょう。

　「クラムボン」の正体をめぐっては、研究者のあいだでもこれまでたくさんの議論がなされてきました。英語のcrab（蟹）＋bomb（爆弾）で「蟹の吐く泡」「蟹の卵または幼生」を表すという説や、英語のcrambo（言葉遊び）、cramp（けいれん）、clump（木立）、crampon（氷屋が氷塊などをつかむはさみ）、さらには、フランス語のcrapaud（ヒキガエル）、エスペラント語※の「クランボ」（キャベツの一種）から連想した造語であるという説など、解釈がわかれています。賢治は英語をよく理解していただけでなく、**盛岡高等農林学校時代に東京で開催された夏期講習会に出かけてドイツ語を習得したり、エスペラント語で詩を創作したりと、多くの言語に精通していた**ため、それだけの説が生まれるのも不思議ではないのです。

　この中に正解があるのか、あるいはどれも間違っているのか…真相は誰にもわかりません。解釈すること自体野暮だという考え方もありますが、賢治の摩訶不思議な言葉の意味を自分なりに考察してみることは、語学に役立つかもしれません。

※1887年にポーランドの眼科医ザメンホフが発表した人工国際語。

共通点を見つければ難しくない！

賢治は浄土真宗から法華経に改宗し、キリスト教にも関心を持つ中で、法華経もキリスト教も、さらには日本古来の神道も、その根本は同じであると考えるようになりました。『銀河鉄道の夜』初期形第三稿のブルカニロ博士の言葉には、こんな一節があります。「**みんながめいめいじぶんの神さまがほんたうの神さまだといふだらう、けれどもお互ほかの神さまを信ずる人たちのしたことでも 涙がこぼれるだらう。**」宗教、宗派をこえて、皆がともに幸せを求めることの大切さを、賢治は訴えたのです。

外国語学習や異文化理解では、違いを認めると同時に、共通点を探ることも大切です。英語は日本語にとって距離のある言語の一つとされ、何かと違いが強調されがちです。しかし、言語学者のチョムスキー氏の言葉にもあるように、本来あらゆる言語は共通のルールの上に成り立っています。

日本語と英語の違いの一つである語順に着目してみても、実はそれほど大きな違いではありません。「私はりんごを食べる」は目的語→動詞、「I eat an apple.」は動詞→目的語となっているだけで、主語→述部という基本的な順番は変わらないのです。どんなに長い文章であっても同じことが言えます。このように考えると、意外とシンプルだと思いませんか。

宗教の普遍性を見出した賢治は、こうした言語間の共通点にも気づいたからこそ、英語やドイツ語などさまざまな言語を習得できたのかもしれません。

『雨ニモマケズ』を英訳してみよう

　賢治が宗派をこえて交流した一人が、先述の斎藤宗次郎です。宗次郎は地元・花巻で小学校教諭をしていましたが、無教会主義キリスト教者の内村鑑三に影響を受け、生徒に聖書や鑑三の日露非戦論を教えたため、退職を余儀なくされます。それから20年間、新聞配達をして生計を立てながら、配達先の人々の悩みに耳を傾けたり、病人を見舞ったりして、地域の人々から慕われました。

　賢治の代表作『雨ニモマケズ』は、そんな宗次郎の姿をモデルにしたといわれています。詩の最後には「そういう者に私はなりたい」と記されており、賢治の理想が投影されています。

『雨ニモマケズ』は多くの翻訳家によって英訳され、海外の人々にも愛されています。皆さんだったら、どのように英訳しますか。有名な冒頭部分の英訳にチャレンジしてみましょう。

雨ニモマケズ　風ニモマケズ

雪ニモ夏ノ暑サニモマケヌ

丈夫ナカラダヲモチ　慾ハナク

英訳の例：Rain won't stop me. Wind won't stop me.

　　　　　Neither will driving snow.

　　　　　Sweltering summer heat will only raise my determination.

　　　　　With a body built for endurance, a heart free of greed,

引用：宮沢賢治・著／アーサー・ビナード・訳『雨ニモマケズ Rain Won't』今人舎 2013

THE GREATS

1909～1948年

シェイクスピアを大衆的な笑いに作り替えた作家

太宰治

作家。東京帝国大学（現在の東京大学）フランス文学科を中退後、井伏鱒二に師事。自殺未遂や薬物中毒を繰り返しつつも、『走れメロス』や『斜陽』、『人間失格』など後世に残る作品を多数執筆した。

根っからのお調子者

『人間失格』や『走れメロス』などの名作を生みだした治も、学生時代は決して模範となりうるような学生ではありませんでした。尋常小学校を6年間すべて「甲」の評価で首席で卒業、さらに青森県下でも最難関の部類に入る青森中学を162人中4位の成績で卒業するほどに優秀だった治ですが、その振る舞いは優等生と言うにはほど遠かったといわれています。とにかく治のいたずらは度が過ぎており、**高等小学校の通知表の「修身」（戦後の道徳教育に相当）と「操行」（日ごろの行い）には「乙」の評価がつけられる**こともあったのだとか。

治といえば話術の天才であったといいます。話のネタがポンポンと飛び出してきて、そのうえどの話もお腹を抱えるくらい面白いものですから、**中学時代は常にクラスのムードメーカーだった**そうです。

そんな治は中高時代から芥川龍之介や泉鏡花に傾倒し、創作活動を開始しました。前述の通り、話のネタが次から次へと浮かんでくるものですから、そのあいだに手がけた作品の数は200篇を超えるともいわれて

いXXX。

　治は弘前高校の文科甲類に入学し、第一外国語として英語を学びます。英作文に関しては治の右に出る者はおらず、教師も治の解答を模範としていたのだとか。しかし、憧れの芥川龍之介の自殺を耳にしてからは、学業にちっとも身が入らず、教員が読み上げる英文学の訳文をノートに殴り書きしては、**龍之介と思しき似顔絵を描いて、退屈な時間を凌いでいた**ようです。

　そんな治は、受験という人生の一大事をも、持ち前のユーモアで乗り切ってしまいます。フランス語が全くわからないにもかかわらず、治が志望していたのはなんと東京帝国大学のフランス文学科。入学試験がないことを期待してのことだったといわれていますが、実際には試験がありました。何が何でも「帝国大学卒業」の肩書きが欲しかった治は、**得意の英語で答案を仕上げると、そのまま試験監督に提出した**のです。ほかの受験生はざわついたといいます。試験監督を務めていたフランス文学者の辰野隆は治に嘆願書を書くように勧め、嘆願書を受け取ると、苦笑いしながら治をパスさせたのだそうです。

　以上のような経緯で大学には無事入学できたものの、フランス語がわからない治がフランス文学科の授業についていけるはずもありません。**「帝国大学卒」の肩書きを得ることなく、大学を中退してしまいます。**そんな治は「会ってくれなければ自殺する」という脅迫めいた手紙をもって作家の井伏鱒二に師事し、大学中退後は執筆活動に本腰を入れました。

絶望していたときに出会った福音書

治の作家としての道のりは非常に険しいものでした。『逆行』が第1回芥川賞の候補作に選ばれるも落選。**選考委員の川端康成からは、私生活に問題ありと言われてしまいます。** 自信作の『ダス・ゲマイネ』でさえ叩かれてしまい、そんな世間と文壇の無理解に抗議すべく発表した『地球図』の評価も

芳しくありませんでした。不運はさらに重なり、盲腸で手術するも腹膜炎を併発して重体に陥り、治療に使われたパビナール注射を常用したことが原因で、中毒症状に苦しめられるようになってしまいます。

まさに仕事も私生活も破綻寸前だったときに出会ったのが、内村鑑三の随筆集でした。治は鑑三に傾倒する中で、以下の「マタイによる福音書」の教えを知ったそうです。

When you fast, do not look somber as the hypocrites do, for they disfigure their faces to show others they are fasting.

日本語訳：断食するときには、偽善者のように暗い顔つきをしてはならない。彼らは、断食しているのが人に見えるようにと、顔を隠しぐさをする。
（聖書協会共同訳）

以上の「マタイによる福音書」の一節から、世間が生活の表面しか見ておらず、作品の価値に無理解であること、また神も苦しんでいることに気づかされ、生きる勇気を取り戻したそうです。**治はキリストに自分を重ね、聖書を心の拠り所とすることで、絶望の底から這い上がることができた**のです。

世界一の作家は井原西鶴！

治は、古典のパロディの名人でした。治の作品で最も有名な『走れメロス』も、古代ギリシャの伝説と、ドイツの詩人シラーの詩をもとに作られたと伝わっています。東西のさまざまな古典に着想を得て独自の作品を生み出した治ですが、**治が最も興味を示したのが、江戸時代の上方文学を代表する作家・井原西鶴でした。**

治は西鶴こそが世界で一番すぐれた作家であり、フランスの作家メリメやモーパッサンも西鶴には及ばないと考えていました。西鶴の作品は『好色一代男』が有名ですが、治は好色物よりも武士や町民の心情を描いた作品、例えば『武家義理物語』や『日本永代蔵』、『西鶴諸国ばなし』や『世間胸算用』などに惹かれたようです。**治は気に入った西鶴の作品を12篇選んで自分流にアレンジし、『新釈諸国噺』という本にまとめて出版しました。**

例えば、「貧の意地」は『西鶴諸国ばなし』の「大晦日はあはぬ算用」を原作としています。大晦日に貧しい武士の原田内助が友人たちを招き、妻の兄に借りた10両を見せていると、小判を1枚なくしてしまいます。

慌てた友人たちは互いが疑われないよう気を配り、気づいたら小判が11枚になっていたという、貧しい武士のプライドを描いた物語です。筋書きは原作と同じですが、治はキャラクター設定や心理描写にこだわり、より一層ユーモラスで人情味に溢れた作品に仕上げました。

『ハムレット』を大胆にパロディ

　治のユーモア溢れる気質は、シェイクスピアの『ハムレット』を近代的に翻案した小説『新ハムレット』にも表れています。自身が参考にした坪内逍遥^{しょうよう}の訳を茶化しつつ、コミカルなセリフの掛け合いを描くのが、この作品の魅力。フランスへ旅立つレアティーズが、妹のオフィーリアに手紙を出すよう催促している場面を見てみましょう。

> レアティーズ：..., do not sleep,
> 　　　　　　　But let me hear from you.
> オフィーリア：Do you doubt that?
> 治の訳：
> レアティーズ：（中略）あんまり居眠りばかりしてないで、
> 　　　　　　　たまにはフランスの兄さんに、音信をしろよ。
> オフィーリア：すまいとばし思うて？
> 　　　　引用：太宰治「新ハムレット」『新ハムレット』（新潮文庫）新潮社 1974

　「すまいとばし思うて？」という見慣れないフレーズは、治が逍遥の訳から引用したものです。逍遥の訳では「すまいとばし思うてかや？」（現代語訳：手紙を送らないとでも思っているの？）となっています。

　さらに続く二人の会話を見てみましょう。ここからは、シェイクスピアの原作にはない、治オリジナルの展開が続きます。

> レアティーズ：なんだい、それあ。へんな言葉だ。いやになるね。
> オフィーリア：だって、坪内さまが、──
> レアティーズ：ああ、そうか。坪内さんも、東洋一の大学者だが、
> 　　　　　　　少し言葉に凝り過ぎる。すまいとばし思うて？
> 　　　　　　　とは、ひどいなあ。媚びてるよ。
> 　　　　引用：太宰治「新ハムレット」『新ハムレット』（新潮文庫）新潮社 1974

　なんと、**治は二人の会話の中に逍遙を登場させ、逍遙の訳をけなす**の
です。治のひょうきんな性格がよく表れています。

　『ハムレット』といえば、主人公ハムレットのセリフ「To be, or not
to be, that is the question」が知られています。父を殺した叔父への復
讐を決意するもなかなか行動を起こせず、この感情を隠して生きていく
べきか、死を厭わずに復讐を成し遂げるべきか、悩むハムレットのセリ
フです。実際には、「To be, or not to be, that is the question: Whether
'tis nobler in the mind to suffer」と続きますが、治はこれを**「to be,
or not to be, どっちがいいのか、僕には、わからん。わからないから、
くるしいのだ。」**と訳しました。

　治はそのひょうきんな性格とは裏腹に、繊細な感受性の持ち主でした。
実家からの除籍、妻の不倫などをきっかけに、自殺未遂を繰り返す治。
苦しい創作活動の果てに、1947年には『斜陽』がベストセラーになる
など、人気作家としての地位を築く一方で、薬物中毒や肺結核による喀
血に苛まれました。生きるか死ぬかの二者択一を迫られるハムレットの
苦しみは、治にも理解できたことでしょう。治の不安は消えることなく、
1948年、愛人の山崎富栄と玉
川上水に入水し、亡くなってし
まうのです。

　周囲を楽しませるユーモア
と、孤独に苦しむ繊細な感受性
を持ち合わせていた治。治が好
んだ古今東西の文学作品に触れ
ると、治が見た景色への理解が
深まるかもしれません。

一日10分英字新聞を読もう

　この本には、森鷗外、芥川龍之介、太宰治など、シェイクスピア作品の愛好家が数多く出てきますね。彼らのように、原文で英文学に親しむというのは有意義なことではありますが、現代の英語学習者にとっては少々ハードルが高いかもしれません。

　そこで私がオススメしたいのは、伊藤博文も実践していたという、**英字新聞を読むこと**。「The Japan Times」や、読売新聞社の「The Japan News」、朝日新聞社の「The Asahi Shimbun」はインターネットで無料で読むことができます。**毎日10分でもよいから、気になる記事を読んでみましょう。**このときに日本の英語学習者がやりがちなのは、最初から1語1語を日本語に訳しながら読むこと。これをやってしまうと記事の内容が全く頭に入ってこなくなります。**まずは辞書を使わずに大意を把握してください。**1分間に250語くらいの速度で読むのがよいでしょう。**2周目に、1周目でわからなかった単語を辞書で調べながら、もう一度読みましょう。**紙の辞書でも電子辞書でも構いません。その単語をメモして単語帳を作るときには、英単語と日本語訳を一対一で記載するのではなく、**記事に出てきた用例ごと記載するのがポイント。**例えばsurplusという言葉は、英和辞典で引くと「余り、過剰」という意味で載っています。一見するとネガティブなニュアンスの言葉に見えますが、trade surplusだと「貿易黒字」、surplus energyだと「余力」といった意味に。これは「surplus＝余り」と単語帳に書くだけでは覚えられません。

　英文を読みこなす力を養うには、英文を毎日読み続けること。これよりほかに道はないのです。

実はスゴイ！
知られざる
英語マスター

THE GREATS
1820〜1871年

パッションを武器に
幕末外交に貢献した通訳

森山栄之助

長崎生まれのオランダ通詞。日本に密航したアメリカ人マクドナルドが
奉行所の取り調べを受けた際に通訳を担当したことから、彼に英語を
学ぶ。ペリーやハリスとの交渉では通訳を務め、条約締結に貢献した。

拙い英語でも諸外国と堂々と渡り合う

　オランダ語に加え英語も学び、ペリー来航時には通訳を務めた栄之助
ですが、英語を完璧に使いこなすことはできなかったといわれています。

　当時のオランダでは、子どもに言葉を教える際に、アベブック（AB
Boek）とレッテルコンスト（Letterkonst）という2種類の入門書が使
用されていました。長崎のオランダ通詞の教育でも、これらのテキスト
が使われました。**子どもが言葉を獲得するように、新たな言語であるオ
ランダ語を覚えていくのが自然であると考えられた**ためです。

　栄之助が学んでいたマクドナルドの授業では、通詞が一人ずつ英語を
読み上げ、発音に誤りがあればマクドナルドが正し、時折日本語で英語
の意味や構造を説明しながら進めていたそうです。マクドナルドのもと
に7か月通った結果、栄之助は日常会話をこなせるレベルの英語力を習
得しました。

　その才能が幕府に評価され、ペリーやハリス来航の際には通訳を務め、
日米和親条約や日米修好通商条約の締結に貢献した栄之助。しかし、諸

外国の要人たちは、**栄之助の英語力が未熟なものであった**と書き残しています。現代の日本では、外交の第一線で活躍する通訳が拙い英語を話すなんてありえませんが、当時の外交では、弘法大師空海が天竺僧と梵字で筆談をして以来、会話よりも筆談が重視されていました。ましてや、鎖国体制下で英語を学ぶことのできた者が少なかった時代に、栄之助以上の適任者はいなかったのかもしれません。

　諸外国の要人たちは、栄之助の英語力を厳しく評価したものの、**彼の気持ちのよい態度や丁寧さを気に入っていたようです。ブロークンイングリッシュでも、栄之助が臆せず諸外国との交渉に臨んだことが、幕末における外交の成功につながった**のかもしれません。

やってみよう

栄之助は英語よりオランダ語のほうが得意であったと伝わっています。栄之助が編纂に携わった未完の英和辞書『エゲレス語辞書和解』の発音表記は、オランダ語の影響を強く受けています。声に出して読み、幕末の英語を味わってみましょう。

見出し語	意味	発音
weather	天気	ウェッドル
heaven	天	ヘーヘン

THE GREATS

1823~1894年

黒船に向かって 「I can speak Dutch!」と叫んだ男

堀達之助

オランダ通詞。アメリカ人マクドナルドのもとで英語を学び、ペリー来航時に通訳として活躍。日本初の新聞『官板バタビヤ新聞』の発行や日本初の印刷された英和辞典『英和対訳袖珍辞書』の編纂にも携わった。

時には英語を使わないことも大事!?

　達之助は、1853年、ペリー率いるアメリカ艦隊が浦賀に来航した際に、日本人初の英語通訳として交渉にあたった人物として知られています。しかし、実のところは、**黒船に向かって「I can speak Dutch!」（私はオランダ語が話せます）と叫び、英語ではなくオランダ語で交渉した**と伝わっています。

　達之助は、森山栄之助同様、長崎のオランダ通詞の家に生まれ、日本に密航したアメリカ人マクドナルドのもとで英語を学びました。語学の才能が認められ、黒船来航時の通訳に任じられましたが、**本来達之助が得意とするのはオランダ語**。当時、フェートン号事件（イギリス軍艦が鎖国体制下の長崎港に侵入し、薪水・食料を強奪した事件）をきっかけに、日本近海には多くの外国船が出没し、国の安全が脅かされていました。国の代表として、拙い英語を話すより、流暢なオランダ語を話したほうがよい。達之助はそのように考え、異国に弱みを見せまいと「I can speak Dutch!」と言い放ったのかもしれません。

達之助はアメリカ側通訳のポートマンとオランダ語で会話を始めると、矢継ぎ早にさまざまな質問を浴びせ、**別れ際には英語で**「Want to go home.」（それでは帰宅したいと思います）と言ったといわれています。

やってみよう

達之助はその後、日米和親条約の翻訳にかかわったほか、3万以上の語を収録した『英和対訳袖珍辞書』をおよそ2年がかりで編纂しました。「政治」や「自然」など、現代でもお馴染みの日本語が生み出されましたが、当時まだ日本になかった概念に対する変わった訳も多く見られます。達之助によるユニークな訳を楽しみましょう。

見出し語	研究社『新英和大辞典』（第六版）では…（第一義を一部抜粋）	『英和対訳袖珍辞書』（初版）では…
biscuit	ビスケット	乾タル餅ノ一種
necessary（名詞）	なくてはならないもの、必要品	厠
vampire	吸血鬼	蛙

日米の懸け橋となった
土佐の漁師

ジョン万次郎

14歳のとき、漁に出て遭難したところをアメリカの捕鯨船に助けられ、そのまま密航。日本人として初めてアメリカ本土の地を踏んだ。帰国後は英語力が高く買われ、通訳や英語教師として活躍した。

英語の発音が完璧すぎてスパイ疑惑も!?

　土佐の漁師の家に生まれ、遭難時にアメリカの捕鯨船に助けられてそのまま渡米した万次郎。25歳のときに帰国すると、ペリー来航をきっかけにアメリカの情報を求めていた幕府の目に留まり、直参旗本に取り立てられます。翻訳に通訳、造船指揮と精力的に働きますが、**英語の発音が完璧すぎたためか、アメリカのスパイではないかと疑われ、ペリーの通訳の仕事を外されてしまった**そうです。しかし、万次郎の知識を求める声はやまず、万次郎に英語や航海術を学ぼうと、新島襄をはじめ多くの若者が集いました。万次郎は日本の航海士育成のため、アメリカの航海学の原典であるバウディッチの『The New American Practical Navigator』を日本語に訳し、**日本初の英語の翻訳書『亜美理加合衆国航海学書』として刊行しました。**

　万次郎は故郷・土佐の英学の発展にも尽力しました。のちに土佐から坂本龍馬や板垣退助など日本を代表する偉人が輩出されましたが、万次郎による貢献があったからこそ得られた成果であったのです。

やってみよう

英語のアルファベットを学ぶための『ABCの歌』は、万次郎によって日本に紹介されたといわれています。童謡『きらきら星』のメロディーに乗せて口ずさみながら英語を覚えていった人は多いでしょう。この歌の発音ですが、「英語の天才」と称される英語学者の斎藤秀三郎が編纂した『熟語本位英和中辞典』には「エー、ビー、シー、ディー…」と記されています。ところが、日本人の誰よりも英語の発音を正しくマスターしたといわれる万次郎の英会話教本『英米対話捷径』には、「D」の発音は「ディー」ではなく、より実際の音に近い「リー」と記されています。万次郎の『ABCの歌』を口ずさみながら、万次郎流の英語の発音を学んでみましょう。

A	B	C	D	E	F	G	H	I
エー	ビー	シー	リー	イー	エフ	ヂー	エイチ	アイ

J	K	L	M	N	O	P	Q	R
ゼイ	ケー	エル	エム	エン	ノー	ピー	キウ	アー

S	T	U	V	W	X	Y	Z
エシ	チー	ユー	フヘー	タブリョ	エキシ	ワイ	ジー

THE GREATS

1829〜1910年

渋沢栄一とともに海を渡り
パリ万博に参加した商人

清水卯三郎

実業家。薩英戦争ではイギリス側に請われて通訳として軍艦に乗り、和睦交渉に貢献。渋沢栄一と渡仏しパリ万国博覧会に参加。商人向けの実用英語教本『ゑんぎりしことば』を出版した。

ネイティブの発音に耳を傾け、意味を尋ねる

　卯三郎は、薩英戦争のイギリス側の通訳として和平に尽力し、また渋沢栄一とともに渡仏してパリ万博に参加したことで知られています。蘭学者の司馬江漢が書いたオランダ文字をきっかけにオランダ語への興味が芽生えた卯三郎は、まず蘭学の入門書を開いて、辞書で必死に調べながら勉強しました。ところが、辞書で意味を調べてもすぐに忘れるため、全くオランダ語が身につかなかったといいます。オランダ語を読み下しているときも、すでに脳にインプットされていた漢文の知識が邪魔をしたようです。

　独学では全く捗らないことを知った卯三郎は、ロシア使節プチャーチンやアメリカ使節ペリーの外交文書の翻訳にも携わるなど、翻訳経験が豊富な箕作阮甫に師事しました。**オランダ語の入門書『ガラムマチカ』の解読から始め、わかりにくい言葉を何度も読んだり書いたりしているうちに、1か月でその入門書を読めるようになったそうです。**「これを1か月で読みこなしたのは佐久間象山と君くらいだ」と師に言われ、すっ

かり自信がついた卯三郎は、その後オランダ語を驚異的なスピードでマスターしたといいます。

　プチャーチンが下田に来航した際には交渉役の筒井政憲にお供し、**ロシア人にできるだけ近づき、生のロシア語を聞いてはその意味を尋ねる**ということを繰り返しながら、ついには覚えたてのロシア語でプチャーチンに「ヒャアリコウ」（寒いですね）と話しかけるという果敢な行動にも出ました。

やってみよう

卯三郎が刊行した『ゑんぎりしことば』は、日本で初めて、全編をほぼ仮名文字のみで表記した英単語集です。日本語の見出し語はひらがなで、それに対応する英語はカタカナで表記されています。こうすることで、外国人向けに商いをする日本人が手軽に英語を話せるようになることをめざしました。当時の商人の英会話を想像しながら、以下の例文を声に出して読んでみましょう。

それはちょうどなり ありがたし	イット、イス、ライト、 アイ、センキ、ユー
己れハてがみを、かく	アイ、ライテ、ヱ、レットル

THE GREATS

1835〜1919年

近代日本語の成立にも寄与した「日本郵便の父」

前島密

日本の郵便制度を築いた、明治政府の官僚。幕末には徳川慶喜に漢字廃止を建議、明治維新後は大久保利通に新しい首都を江戸におくことを建言するなど、多彩な活躍ぶりを見せた。

「漢字は廃止すべし!」と主張

　越後から江戸に出て、オランダ医学を学んでいた若き日の密(ひそか)にとって、転機となったのはペリー来航でした。アメリカの軍艦や海兵隊の先進的な装備に衝撃を受けた密は、日本全国を行脚し、砲術を学んでいきます。さらには国防のためにと、数学や英語の習得にも励むようになりました。

　密は安積良斎(あさかごんさい)のもとで、岩崎弥太郎らとともに朱子学も学んでいました。良斎は東洋のみならず西洋の学問にも造詣が深く、ペリー来航の際にアメリカの国書の翻訳にも携わった人物でした。和漢洋いずれの知識にもすぐれ、のちに多様な分野で活躍する密は、こうした師の影響を受けているのかもしれません。

　そんな密は、江戸から帰省したある日、土産の絵草紙と三字経(中国の初学者用の識字教科書)を甥に教えた際に、漢字教育の難しさを痛感しました。密はこの出来事をきっかけに、**国民教育の普及のため、難解な漢字を廃止し、誰にでもわかる仮名文字を使うべきだとする意見書**「漢字御廃止之議(かんじごはいしのぎ)」を時の将軍・徳川慶喜に提出したのです。

　しかし、漢字を廃止したとしても、当時は仮名文字だけで200種類以上も存在しており、煩雑であることに変わりはありません。そこで、森有礼による英語公用語論も浮上。「アメリカの言葉のみならず、アメリカの生活様式や風習もすべて取り入れるべし！」という極端なものでした。密の提案も有礼の提案も国の発展を願ってのものでしたが、採用されることはありませんでした。

　密は誰にでもわかる言葉を普及させるべく、すべての文字をひらがなで表記した「まいにちひらがなしんぶんし」も発行しました。結局のところ、国民が最も納得したのは、密が郵便制度のため自ら生み出した「切手」や「郵便」、「小包」のような言葉だったようですね。

やってみよう

航海学を学んでいた密が活用したアイテムの一つが『ウェブスター大辞典』でした。「（飛行機や列車などの乗り物に）乗って」を意味する副詞aboardも、元々は航海用語でした。当時の『ウェブスター大辞典』に掲載されたaboardの熟語を見てみましょう。

To fall aboard（舷ニ衝突スル）

To go aboard（船ニ乗ル）

To go aboard a ship（船ニ乗ル）

THE GREATS

1842〜1916年　　1860〜1919年

出自も年の差も乗り越えて
フランス語で結ばれた夫婦

大山巌・捨松

巌は薩摩藩士の息子、西郷隆盛のいとこで、明治政府で陸軍卿などを歴任。捨松は会津藩家老の娘で、日本初の女子留学生として津田梅子らと渡米。捨松の帰国後、二人は結婚。鹿鳴館で社交界デビューを果たし、明治時代の外交に貢献した。

初デートはフランス語!?

　教科書でおなじみの西郷隆盛の肖像画。凛々しい眉毛にきりりとした目つき、がっしりとした体格が特徴的ですが、実はこの肖像画、隆盛の弟である西郷従道（つぐみち）と、いとこの大山巌（いわお）の顔を合成して描かれたといいます。この大山巌は、西南戦争で隆盛と戦って勝利を収め、のちに陸軍大将として活躍しますが、青年時代に渡欧して砲術を学ぶ中でフランス語を身につけた、語学のスペシャリストでもありました。

　そんな巌の妻もまた、英語やフランス語が堪能な女性でした。名前は山川捨松。会津藩家老の娘として生まれ、日本初の女子留学生として11歳で渡米し、22歳のときに帰国しました。長い留学生活で日本語を忘れてしまい、英語のほうが流暢に話せたといいます。

　巌と捨松は、故郷である薩摩と会津の確執を乗り越えて、恋に落ちます。出会いは、捨松の留学仲間であった瓜生繁子の結婚披露宴でした。余興として披露された『ヴェニスの商人』で主役を演じた捨松に、巌は一目ぼれ。縁談を申し込むも、捨松は「人柄を知らないうちは返事もで

きない」と言い、デートを提案します。はじめは巌の話す薩摩弁が理解できず、意思疎通に苦しみましたが、**フランス語で会話を始めると、二人は意気投合。交際から約３か月のスピード婚で結ばれました。**

　捨松を苦しめた薩摩弁ですが、実はフランス語との共通点がたくさんあります。**鹿児島をはじめとする南九州の方言は、促音（っ）、撥音（ん）、長音（ー）をアクセントの一つとして数えない「シラビーム方言」と呼ばれています。**例えば、標準語では「がっこう」を「が｜っ｜こ｜う」のように４拍でカウントしますが、シラビーム方言では「がっ｜こー」と２音節でカウントします。同じく、「しんぶん」は標準語では「し｜ん｜ぶ｜ん」となりますが、シラビーム方言では「しん｜ぶん」となります。このような発音体系は、南九州のみならず、東北、北陸、出雲、沖縄などの方言にも見られますが、英語やフランス語に似ているのです。

　また、**薩摩弁の源流である宮崎県の都城市や小林市の方言は、語尾をあげるのが特徴ですが、これはフランス語にも見られます。**「んだもしたん」（あらまあ、びっくり）という言葉がありますが、これを声に出して読むとまるでフランス語のよう。

　フランス語の発音につまずく日本人が多い中、巌は薩摩弁に慣れ親しんでいたおかげで、フランス語を比較的容易に習得でき、18歳の年の差を越えて、捨松の心を射止めることができたのかもしれません。

THE GREATS

1864～1896年

日本で初めて
『小公子』を翻訳した文学者

若松賤子

フェリス女学校（現在のフェリス女学院中学校・高等学校）卒業後、母校で教師となり、結婚を機に退職し文筆活動を開始。『小公子』を翻訳するも、存命中の全編の出版が叶わぬまま、31歳の若さで病没。

日本のことをよく学び、海外に英語で発信

　会津藩士の長女として生まれた賤子は、4歳のころ、戊辰戦争のため一家離散を経験しますが、織物商の養女となって横浜へ移り、フェリス女学校に通うこととなります。当時のフェリス女学校は、日本女性として恥ずべきところのない多才な女性を育て上げることを教育方針に掲げていました。基本的に、午前中は外国人教師による英文学や英語学などの授業、午後は日本人教師による日本学や漢学の授業が行われていました。宣教師が開校した当時の女学校としては珍しく、**校舎の内部が畳であったほか、衣類や食べ物から動作までもが日本式で揃えられていた**そうです。賤子はその環境の中で、英語のみならず、日本文化に関する知識も吸収していきました。卒業後は、そのまま母校で和文や英語の教師となりました。

　賤子はキリスト教系英文雑誌の『The Japan Evangelist』の連載を担当し、**日本の遊びや年中行事、女性の地位などについて、海外の読者に向けて毎号英語で紹介していました。**この雑誌を創刊したアメリカ人宣

教師ウィリアム・ホーイは、賤子の英語力を評価し、「彼女の英文は２、３の語句を除けば、未だかつて英米の地を踏んだことのない人の英文とは思われない」と述べたといいます。

やってみよう

父を亡くし、母と二人アメリカで貧しい生活を送る少年セドリックが、イギリスの伯爵である祖父に引き取られ、孤独な祖父の心を解かしながら幸せをつかんでいく物語『小公子』。**三人称を主語としながらも、主人公セドリックの目線で「おとツさん」「おツかさん」などと表現する賤子の訳は非常に画期的**で、当時言文一致に悩んでいた文豪たちのあいだで高く評価されました。物語のはじまりの訳を味わいましょう。

Cedric himself knew nothing whatever about it. It had never been even mentioned to him. He knew that his papa had been an Englishman, because his mamma had told him so; but then his papa had died when he was so little a boy that he could not remember very much about him,

賤子の訳：セドリックには、誰も云ふて聞かせる人が有ませんかツたから、何も知らないでゐたのでした。おとツさんは、イギリス人だツたと云ふこと丈は、おツかさんに聞いて、知つてゐましたが、おとツさんのおかくれになつたのは、極く小いうちの事でしたから、よく記臆えて居ませんで、

引用：フランシス・ホジソン・バーネット・著／若松賤子・訳「小公子」『女学雑誌 227』1890

THE GREATS

1866〜1929年

ネイティブの役者に説教!? 英語辞典の礎を築いた超人

斎藤秀三郎

英語学者・辞書執筆者。英語教師を経て、東京・神田に正則英語学校（現在の正則学園高等学校）を創設。一度も日本を出ることなく、『熟語本位英和中辞典』などのすぐれた辞書や教科書を執筆した。

英語を徹底解剖！

　日本を世界有数の長寿国にするなど日本の医学はめざましい発展を遂げましたが、今日の医学の礎を形成したのが、杉田玄白を筆頭とする蘭学者チームにより翻訳された『解体新書』でした。『解体新書』において画期的であったのが、人体の「解剖」をもって人体の構造を明らかにするという視点。「解剖」を通じて人体への理解が深まり、医療技術が飛躍的に進歩し、今日につながっています。

　同様に、英文に「解剖」という視点を持ち込み、英文の構造を明らかにしたのが、明治・大正時代の英語の達人として知られる英語学者の秀三郎でした。秀三郎は『スウィントン英文典』を翻訳する中で、英文を「解剖」し、1語1語に対して適切なタグ（品詞）を付与するという手法で、英語への理解を深めました。**品詞の分類に関しては、名詞、動詞、形容詞、副詞、代名詞、前置詞、接続詞、間投詞といったように、現代文法と同じ8種類を提示。今日の英文法の発展に寄与しました。**

　秀三郎といえば、帝国劇場で西洋人の演じる芝居『ロミオとジュリエッ

ト』を鑑賞しているとき、酔っぱらって **「てめえたちの英語はなっちゃ
いねえ、よしちまえ」** と怒鳴り散らしたことでも知られています。ネイ
ティブを凌ぐ英語力で、正しい表現や発音を見極める目を持っていたか
らこそ、『熟語本位英和中辞典』や『斎藤和英大辞典』、『実用英文典』
など、数々のすぐれた辞書や教科書を生み出すことができたのです。

やってみよう

古代ギリシャの哲学者アリストテレスが残した「全体は部分の総和
以上である」という言葉が示すように、英語は単語レベルで覚えて
もなかなか上達しません。熟語という一つのまとまりで理解できる
かがポイントです。

例えば、petという言葉は「愛玩動物」という意味で広く使われて
いますが、「気に入りの」という意味も持っています。秀三郎の『熟
語本位英和中辞典』に載っている以下の熟語や例文を見て、それぞ
れのまとまりがどんな意味を成すのか、考えてみましょう。

A pet dog（愛犬）

A pet theory（おはこ）

This is his pet and darling work.（最も得意の作）

日本語を改革！
「です」調の生みの親

山田美妙

小説家。尾崎紅葉らとともに文学結社「硯友社」を結成。二葉亭四迷とともに言文一致運動を牽引し、「です」調をもって日本語の改革に挑んだ。代表作は『武蔵野』など。

日本の言文一致運動を推進！

　日本語の歴史には概ね３度の転換期があります。最初の転換期が天武天皇や持統天皇の時代でした。当時、語学堪能な役人が、白村江の戦いで唐と新羅に敗れた高句麗や百済との交渉に応じ、奈良時代における万葉仮名誕生の流れを生み出しました。その後、平安時代の僧侶たちの私的なやりとりの中でひらがなやカタカナが生まれ、明治時代には西洋文化の流入をもって３度目の転換期を迎えました。

　ここで話を英語の歴史に移しましょう。古英語と中英語では、文法や語彙の観点からかなりの違いが見られます。これには1066年に起きたノルマン人の征服が関係しているわけですが、それ以降に成立した中英語は構造的に現代英語に近いものとなっています。そして、古英語から中英語への変遷に関与したのが、『カンタベリー物語』で知られる14世紀イギリスの詩人のチョーサーでした。チョーサーは俗文をもって言文一致をしかけ、今日の英語につながる流れを生み出しました。

　いわゆる「日本のチョーサー」に相当する人物が美妙でした。美妙は

日本の言文一致運動のリーダーとして、チョーサーに倣い、「**です**」**調をもって新たな口語文体を定着させようとした**のです。

　美妙は日本語の過渡期にかかわった日本の先人たちと同様、語学が堪能であり、特に英語の読み書きにすぐれていました。東京大学予備門の試験で正岡子規らが難しい英語の問題に苦戦している中、**美妙は時間が半分過ぎたころにさっさと答案を出して教室を出ていった**のだとか。答案の中身も完璧で、見事な成績で入試をパスしたそうです。

　美妙はチョーサーのほか、シェイクスピアらの作品も愛読し、言文一致体での日本語訳に取り組みました。それまで異様なほどに硬くぎこちなかった翻訳文学の文体を俗語に近づけるべく努力を重ねる中で、英語力にも磨きをかけていきました。

やってみよう

　シェイクスピア『ハムレット』の坪内逍遥訳と美妙訳の一節を比べてみましょう。浄瑠璃や歌舞伎を意識した逍遥訳よりも、美妙訳のほうが現代日本の話し言葉に近いといわれています。以下は、フランシスコと城の見張り役を交代するときのバーナードのセリフです。

Have you had quiet guard?

逍遥の訳：何も別條（べつじょう）はおじやらなんだか？
　　　　引用：シエークスピヤ・著／坪内逍遥・訳『ハムレット』早稲田大学出版部 1909
美妙の訳：それは左様と、今夜の御番（ごばん）、異変はありませんでしたか？
引用：山田美妙「正本はむれッと」『山田美妙集 第一巻 小説一 初期文集』臨川書店 2012

THE GREATS

1913～1943年

教科書でおなじみの名作「ごんぎつね」の作者

新美南吉

北原白秋らの影響を受け、童謡や童話を作り始める。東京外国語学校（現在の東京外国語大学）の英語部文科に入学する年、児童雑誌『赤い鳥』に「ごんぎつね」が掲載される。結核により29歳で没した。

日本語と英語の「音」に触れる

　多くの日本人がよく知る南吉の作品といえば、やはり1956年から今日まで小学４年生の国語の教科書に採用され続けている「ごんぎつね」ではないでしょうか。母親を亡くした兵十に同情し自身のいたずらを償うも、誤解した兵十に銃で撃たれ命を落とす、子狐ごんの悲しい物語です。南吉が母校の小学校で代用教員をしていたときには、子どもたちに読み聞かせをしていたといわれており、音読には最適な題材です。

　大正時代から昭和初期にかけての時期は学校教育の過渡期で、新しい教育のあり方をめぐり新教育運動が展開されました。同時に、芸術の革新をめざした童謡運動が北原白秋を中心に繰り広げられ、童謡を紹介した児童向け雑誌『赤い鳥』は、教育熱心な親や新教育運動に傾倒する教師などに受け入れられました。

　14歳のころから創作活動を開始した南吉は、多い月ではひと月に23篇の童謡を手がけたこともあったといいます。『赤い鳥』には「赤い靴」や「てるてる坊主」など現代の私たちがよく知る曲も投稿されましたが、

それらはあくまでも大人の童謡にすぎないという考えが南吉にはありました。そんな南吉は**白秋や島崎藤村の童話集、マザーグース、グリム童話など、国内外の子ども向けの読み物を愛読し、子どもの感情に寄り添った童話や童謡を模索しました**。

南吉は中学時代、**日記に英語の発音をひらがなで記していた**そうです。**俳句や英詩も味わうなど、日本語と英語の音やリズムに慣れ親しんだ**からこそ、音読用の教材としても支持される名作「ごんぎつね」を生み出せたのではないでしょうか。

やってみよう

英語のリズムを覚えるのにうってつけの題材が、イギリスの子どものあいだで古くから親しまれているマザーグースです。マザーグースに収録されている作品の一つである『きらきら星』の原曲を英語で歌いながら、英語のリズムに触れましょう。

Twinkle, twinkle, little star,
How I wonder what you are!
Up above the world so high,
Like a diamond in the sky.

日本語訳：キラキラ光る　お空の星よ
　　　　　あなたはいったい　だれでしょう
　　　　　はるかかなたの　空の上
　　　　　ダイヤのように　光ってる
　　　　　引用：鷲津名都江『ようこそ「マザーグース」の世界へ』（NHKライブラリー）
　　　　　日本放送出版協会 2007

一対一の訳から脱するべし

　言葉は認識や感情を呼び起こすものである、という夏目漱石の「F＋f」の理論に、私は深く共感します。

　私は若いころ、日本でヒッチハイクの旅をしていたときに、旅先で出会った男性から「俺」という日本語を教わりました。それまで、一人称を表す日本語として「わたし」しか知らなかった私は、旅先から戻って早速、「俺」を使ってみたのですが、どうやらその場には適していなかったようで、少し恥ずかしい思いをしました。漱石の言葉を借りると、**「俺」という言葉は、一人称を表すという「F」（事実）だけでなく、粗野でカジュアルという「f」（認識・感情）を与えるものだった**のです。

　英語の「I」はどんな相手や場面でも使うことができますが、日本語の一人称には「わたし」「俺」「僕」などと、多様な表現が存在します。逆に、日本語には「〜を提出する」という言葉がありますが、英語だとこれを「submit」「hand in」などといろいろな言い方で表します。日本の英語学習者は「〜を提出する＝submit」と覚えがちですが、本来「submit」はフォーマルな場面で使われる書き言葉。話し言葉として日常的に使われるのは「hand in」です。**受験英語の延長線上で、一対一の訳ばかり覚えていては、このようなニュアンスの違いを理解することも、TPOに応じた使いわけをすることもできません。**

　日本語と英語は鏡のように対を成すものではありません。**日本語でしか言えないもの、英語でしか言えないものが存在します。**それを理解したうえで、二つの言語を使いこなせるようになれば、表現の幅がぐっと広がるでしょう。

勝 海 舟
● 手代木俊一『日本における讃美歌』日本キリスト教団出版局 2021
● 片桐一男『勝海舟の蘭学と海軍伝習』勉誠出版 2016
● 岡田袈裟男『江戸の翻訳空間 蘭語・唐話語彙の表出機構［新訂版］』笠間書院 2006
● 竹中正夫『勝海舟とキリスト教』『基督教研究2（55）』1994
● 岡島昭浩「武家共通語と謡曲」1996
● 金水敏『ヴァーチャル日本語 役割語の謎』岩波書店 2003

福 沢 諭 吉
● 福沢諭吉・著／富田正文・校訂『新訂 福翁自伝』（岩波文庫）岩波書店 1937
● 犬飼隆『木簡から探る和歌の起源「難波津の歌」がうたわれ書かれた時代』笠間書院 2008
● 藤堂明保『漢字文化の世界』（角川ソフィア文庫）KADOKAWA 2020
● 飛田良文「福沢諭吉の英語研究」『国際基督教大学学報 3-A, アジア文化研究別冊20』2015
● 呉震・著／辻本雅輝・訳「戦後日本の学界における「儒学の日本化」問題についての考察」『国際哲学研究5』2016
● 奥村佳代子「唐話の伝播と変化 ―岡島冠山の果たした役割―」『東アジア文化交渉研究11』2018

大 隈 重 信
● 木村毅・監修『大隈重信叢書 第1巻 大隈重信は語る ―古今東西人物譚論―』早稲田大学出版部 1969
● 木村毅・監修『大隈重信叢書 第4巻 薩長藩から国民創へ ―明治政治興亡史談―』早稲田大学出版部 1970
● 榛葉英治『大隈重信 進取の精神、学の独立（上）』新潮社 1985
● 杉本つとむ『杉本つとむ著作選集9 西欧文化受容の諸相』八坂書房 1999
● 毛利敏彦『幕末維新と佐賀藩 日本西化の原点』（中公新書）中央公論新社 2008
● The U.S. National Archives and Records Administration "The Constitution of the United States: A Transcription" NATIONAL ARCHIVES
  https://www.archives.gov/founding-docs/constitution-transcript
● 一般財団法人日本聖書協会 聖書本文検索 https://www.bible.or.jp/read/vers_search.html
● 早稲田大学大学史編集所・編『早稲田大学百年史 第1巻』早稲田大学出版部 1978
● 早稲田大学 "学の独立と進取の精神 ―創立記念コラム"早稲田ウィークリー 2019. 10 https://www.waseda.jp/inst/weekly/news/2019/10/21/67379/

渋 沢 栄 一
● 篠浦伸禎『論語脳と算数脳 なぜ渋沢栄一は道徳と経済を両立できたのか』かざひの文庫 2021
● 渋沢栄一『青淵百話 乾』同文館 1912
● 渋沢栄一『青淵百話 坤』同文館 1912
● 童門冬二『渋沢栄一 人間の礎』経済界 1991
● 今井博昭『歴史に隠れた大商人 清水卯三郎』（幻冬舎ルネッサンス新書）幻冬舎メディアコンサルティング 2014
● 渋沢秀雄『父渋沢栄一（上巻）』実業之日本社 1959
● 渋沢秀雄『父渋沢栄一（下巻）』実業之日本社 1959
● 橘川武郎、パトリック・フリデンソン・編著『グローバル資本主義の中の渋沢栄一 合本キャピタリズムとモラル』東洋経済新報社 2014
● 見城悌治『評伝 日本の経済思想 渋沢栄一「道徳」と経済のあいだ』日本経済評論社 2008

伊 藤 博 文
● 中村菊男『伊藤博文』時事通信社 1958
● 瀧井一博『伊藤博文 知の政治家』（中公新書）中央公論新社 2010
● 粟津清道『趣味の英会話 対訳註註』敬文館書店 1923
● 内田匠「近代日本における豊臣秀吉観の変遷」『政治学研究59』2018
● 久保伸子「伊藤博文と明治日本の朝鮮政策」北九州市立大学学博士（学術）学位論文 2018
● 吉田安彦「日本語における読書が英語習得に及ぼす影響 ―EFL学習者とのインタビュー分析より―」『Persica46』2019
● 柳尚熙「日韓併合当時の大韓帝国政権に関する一考察 ―朴泳孝・金宏集と宋秉畯、一進会を中心に―」『二松学舎大学東洋学研究所集刊34』2004
● 司馬遼太郎『新装版 翔ぶが如く 二』（文春文庫）文藝春秋 2002

新 島 襄
● 『日本人の自伝3 内村鑑三 新島襄 木下尚江』平凡社 1981
● 坂井悠佳「日本組合基督教会の思想的背景 ―新島襄の神学思想に関する一考察―」『明治学院大学キリスト教研究所紀要52』2020
● 新島襄『新島叢全集6 英文書簡編』同朋舎 1985
● 新島襄『新島襄全集10 新島襄の生涯と手紙』同朋舎 1985
● 山本貴司『新島襄の神学（1）―神学ノートの翻刻―』『新島研究100』2009
● 大越哲仁「新島襄の海外渡航と中濱万次郎」『新島研究106』2015
● 三好彰「新島襄の蘭学」『新島研究111』2020
● 三好彰「新島襄の英学事始め」『新島研究110』2019
● Richard A. Maher "Notwithstanding the Broken English and Imperfect Grammer: A Short Analysis of Joseph Hardy Neesima's Letters in English"『新島学園短期大学紀要35』2015
● 魚木忠一「内村鑑三と新島襄」『基督教研究28（1）』1954
● 一般財団法人日本聖書協会 聖書本文検索 https://www.bible.or.jp/read/vers_search.html

内 村 鑑 三
● 内村鑑三『外國語之研究』東京獨立雑誌社 1899
● 庭野吉弘「内村鑑三の初期英学修養 ―高崎時代から東京外国語学校時代まで―」『日本英語教育史研究3』1988
● 渡部和隆「＜研究ノート＞内村鑑三における「科学的手法」―ヒューム哲学との比較の試み―」『アジア・キリスト教・多元性9』2011
● 古賀敬「マリオン M・スコットの研究 ―ハワイ時代を中心として―」『教育學雑誌25』1991
● Kanzo Uchimura『Representative Men of Japan』Keiseisha 1908

森 鷗 外
● 竹盛天雄「鷗外と＜近代＞一面 ―「日本家屋論」をめぐって―」『國文學: 解釈と教材の研究33（7）』1988
● 林尚孝『仮面の人・森鷗外「エリーゼ来日」三日間の謎』同時代社 2005
● 松尾展成『ザクセン文化交流史研究』大学教育出版 2005
● 森於菟『筑摩叢書159 父親としての森鷗外』筑摩書房 1969
● 河村敬吉『若き鷗外の悩み』現代社 1957
● 松木博「鷗外と町井正路 二つの「ファウスト」、その翻訳と受容―」『大妻国文39』2008
● 吉田千鶴子「＜資料紹介二＞森鷗外の西洋美術史講義 ―本保橋太郎筆記ノート―」『五浦論叢: 茨城大学五浦美術文化研究所紀要2』1994
● 坂井健「鷗外がハルトマンを選んだわけ」『文学部論集90』2006
● 森鷗外「妄想」『日本文学全集4 森鷗外集』筑摩書房 1970
● 森鷗外「於母影」『森鷗外全集12 於母影／冬の王』（ちくま文庫）筑摩書房 1996

新 渡 戸 稲 造
● 中村敏『日本基督教宣教史 ザビエル以前から今日まで』いのちのことば社 2009
● 新渡戸稲造『内観外望』実業之日本社 1933
● 今野鉄男「新渡戸稲造博士英語学習研究序説」『日本英語教育史研究3』1988
● 近藤眞弓「新渡戸稲造研究（1）―札幌農学校への道―」『盛岡大学短期大学部紀要12』2002
● 佐伯有義『札幌農学校と英学』『北大百年史』2002
● 投野由紀夫「新しい英語語彙指導と辞書 ―新指導要領、CAN-DOリスト、CEFR-Jをふまえて―（2）2000語ごとに増えていった…／英語基本語彙の仕事量／2,000語の中身は？／「幹」と「枝葉」―語彙は立体構造／受信語彙と発信語彙のメリハリ」Dictionaries & Beyond: Word-Wise Web 2014. 7
  https://dictionary.sanseido-publ.co.jp/column/en_teaching02

岡倉天心
* 中村捷・編著『名著に学ぶ これからの英語教育と教授法』開拓社 2016
* H. Atkinson『Revised and Enlarged Edition of Exercises in the Yokohama Dialect』Franklin Classics 2018
* 岡倉古志郎『祖父 岡倉天心』中央公論美術出版 1999
* 岡倉一雄『父 岡倉天心』中央公論社 1971
* 清水惠美子『洋々無限 岡倉天心・覚三と由三郎』里文出版 2017
* 高辻正久「ベルツの黄禍論批判とその特徴」『学習院大学ドイツ文学会研究論集21』2017
* 金沢朱美「岡倉由三郎におけるオレンドルフ教授法の受容の考察」『日本語と日本文学 44』2007
* Okakura Kakuzo『The Book of Tea』Fox, Duffield & Company 1906

津田梅子
* 橘木俊詔『津田梅子 明治の高学歴女子の生き方』（平凡社新書）平凡社 2022
* 飯野正子、亀田帛子、高橋裕子・編『津田梅子を支えた人びと』有斐閣 2000
* 佐野幹「『フェイマスストーリーズ』の流入経緯と託された期待 －女子英学塾と副読本－」『読書科学57』2015
* 佐野幹「明治後期から大正初期にかけての『フェイマスストーリーズ』の受容」『横浜国大国語教育研究42』2017
* James Baldwin『Fifty Famous Stories Retold』Didactic Press 2013
* 古川安「津田梅子と生物学 －科学史とジェンダーの視点から－」『科学史研究49』2010
* 白井尭子「明治期女子高等教育における日英の交流 津田梅子・成瀬仁蔵・ヒューズ・フィリップスをめぐって」ドメス出版 2018
* 南精一「ベルリッツ・メソッドについて －教材を中心に－」『日本英語教育史研究13』1998

夏目漱石
* 川島幸希『英語教師 夏目漱石』（新潮選書）新潮社 2000
* 夏目漱石『文学論（上）』（岩波文庫）岩波書店 2007
* 夏目漱石『文学論（下）』（岩波文庫）岩波書店 2007
* 立花太郎「夏目漱石の『文学論』のなかの科学観について」『化学史研究33』1985
* 柴田勝二「村上春樹と夏目漱石 －二人の国民作家が描いた〈日本〉」（祥伝社新書）祥伝社 2011
* 小ables_倉敏夫「漱石に英文学を読む」晃洋書房 2017
* 亀井俊介『英文学者 夏目漱石』松柏社 2011
* 井田好治「漱石のオセロ」について」『英学史研究7』1974
* 竹中龍範「漱石と英語 －特に松山との関わりにおいて－」『四国英語教育学会紀要30』2010
* 夏目金之助「A Translation of Hojio-ki」『漱石全集 第二十六巻 別冊 中』岩波書店 1996
* 南方熊楠「A Japanese Thoreau of the Twelfth Century（HOJOKI）」『南方熊楠全集10』平凡社 1991

南方熊楠
* 鎌田東二「南方熊楠と宮沢賢治 日本的スピリチュアリティの系譜」（平凡社新書）平凡社 2020
* 志村真幸「南方熊楠のロンドン 国際学術雑誌と近代科学の進歩」慶應義塾大学出版会 2020
* 小林restored島wood丸「日本を解き放つ」東京大学出版会 2018
* Szalay Peter「南方熊楠の思想におけるH.スペンサーの影響について －土宜法竜往復書簡に見える因果論を中心に－」大阪大学博士（日本語・日本文化）学位論文 2015
* 星寛、齊藤等「南方熊楠の和文論文と明治期の日本語」『放送大学研究年報16』1999
* 唐澤太輔「南方熊楠と「テレパシー」という言葉に関する考察 －「TIEPh」ユニット 自然観探究ユニット」『「エコ・フィロソフィ」研究9』2015
* 金谷武洋「日本語と西欧語 主語の由来を探る」（講談社学術文庫）講談社 2019
* 田村毅他・編『ロワイヤル仏和中辞典 机上版』旺文社 1985
* 小島義郎他・編『英語語義語源辞典』三省堂 2004
* Kumagusu Minakata「Illogicality concerning Ghosts」『Nature 61』1900

島崎藤村
* 島崎藤村『桜の実の熟する時』春陽堂 1919
* 島崎藤村『若菜集』『藤村詩集』（新潮文庫）新潮社 1968
* 中村敏『日本キリスト教宣教史 ザビエル以前から今日まで』いのちのことば社 2009
* 森一「明治詩人と英文学 －静かな哀しき調べ－」国書刊行会 1988
* 八牧功『島崎藤村と英語』双文社出版 2003
* 平山輝男『日本の方言』（講談社現代新書）講談社 1968
* 大本泉「島崎藤村とジャック神父」『カトリック研究所講話集8』2017
* 若井勲夫「唱歌と現代文学（中）」『京都産業大学論集. 人文科学系列31』2004
* 手代木俊一「ヘボン塾と明治の讃美歌」『言語文化29』2012

野口英世
* 中山茂『野口英世』（同時代ライブラリー）岩波書店 1995
* 石原和幸、奥田克剛、高添一郎「野口英世博士歯科学寄贈論文と微生物学講座スピロヘータ研究の現在」『歯科学報103（11）』2003
* 高添一郎「平成24年度東京歯科大学「新入生学外セミナー」講演「野口英世に学ぶ」」『歯科学報113（1）』2013
* 矢ヶ﨑康、加藤倉三、枝重夫「松本歯科大学所蔵の野口英世の伝記」『松本歯学13（1）』1987
* Mary Abbott「Identifying Reliable Generalizations for Spelling Words: The Importance of Multilevel Analysis」『The Elementary School Journal 101(2)』2000
* H. Noguchi and S. Akatsu「Immunological Studies on Pure Cultures of Various Spirochetes」『Journal of Experimental Medicine 25(6)』1917
* 田中澪「医学論文の書き方 第2版」医学書院 1975
* 上出洋介「国際誌エディターが教える アクセプトされる論文の書きかた」丸善出版 2014
* 日本医学会医学用語管理委員会・編『日本医学会 医学用語辞典（英和）第3版』南山堂 2007
* 渡辺淳一『遠き落日（上）』ゴマブックス 2015
* 渡辺淳一『遠き落日（下）』ゴマブックス 2015

石川啄木
* 森一「明治詩人と英文学 －静かな哀しき調べ－」国書刊行会 1988
* 今野鉄男「石川啄木英語学習研究」『日本英語教育史研究2』1987
* 日賀敏夫「石川啄木が読んだ英語資料のコーパス言語学」『盛岡大学紀要28』2011
* 門田守「崇高と美の軌跡 －バイロンにおける自己離脱の諸様式－」『奈良教育大学紀要. 人文・社会科学』1995
* 郷原宏「胡堂と啄木」双葉社 2019
* 堀江宏樹『偉人の年収』イースト・プレス 2022
* 山口謠司『炎上案件 明治／大正 ドロドロ文豪史』集英社インターナショナル 2021

芥川龍之介
* 芥川龍之介「文芸一般論」『芥川龍之介全集 第十一巻 芭蕉雑記 長江游記』岩波書店 1996
* 芥川龍之介「侏儒の言葉」（文春文庫）文藝春秋 2014
* 芥川龍之介「今昔物語鑑賞」『芥川龍之介全集 第十四巻 玄鶴山房 河童』岩波書店 1996
* 菊池寛、芥川龍之介・訳『アリス物語 小学生全集第28巻』興文社、文藝春秋社 1927
* 夏目漱石「大正5年（1916）2月19日 芥川龍之介あて書簡」『漱石全集 第二十四巻 書簡 下』岩波書店 1997
* 清水明『芥川龍之介の夢「海軍機関学校」の若い英語教師の日』原書房 2007
* 澤西祐典、柴田元幸・編訳『芥川龍之介選 英米怪奇・幻想譚』岩波書店 2018
* 斎田真也「速読と眼球運動（読みと眼球運動、第22回大会 シンポジウム2）」『基礎心理学研究23（1）』2004
* 八木下孝雄「近代日本語における欧文の直訳による表現の研究」明治大学博士（文学）学位論文 2014

村岡花子
* 村岡恵理『アンのゆりかご 村岡花子の生涯』マガジンハウス 2008
* 村岡恵理・編『村岡花子と赤毛のアンの世界』河出書房新社 2013

◦ 村岡恵理・監修『村岡花子「赤毛のアン」の翻訳家、女性にエールを送りつづけた評論家』(KAWADE夢ムック 文藝別冊) 河出書房新社 2014
◦ 舟木てるみ「明治期の東洋英和女学校における英語教育」『高千穂論叢 52.4』2018
◦ 東洋英和女学院『東洋英和女学院百年史』1984
◦ 神崎清・編『現代婦人伝』中央公論社 1940
◦ マーク・トウェイン・著／村岡花子・訳『ハックルベリイ・フィンの冒険』(新潮文庫) 新潮社 1959
孫の村岡恵理さまにもご協力いただきました。この場を借りて御礼申し上げます。

宮沢賢治
◦ 宮沢賢治『春と修羅』『宮沢賢治全集1』(ちくま文庫) 筑摩書房 1986
◦ 宮沢賢治『銀河鉄道の夜「初期形第三次稿」』『宮沢賢治全集7』(ちくま文庫) 筑摩書房 1985
◦ 石井竹夫「宮沢賢治に学ぶ植物のこころ」蒼天社 2004
◦ 王敏『宮沢賢治と中国 賢治文学に秘められた、遥かなる西域への旅路』国際言語文化振興財団、サンマーク出版 2002
◦ 鎌田東二『南方熊楠と宮沢賢治 日本的スピリチュアリティの系譜』(平凡社新書) 平凡社 2020
◦ 鈴木俊郎・編『回想の内村鑑三』岩波書店 1956
◦ 藤田秀雄「宮沢賢治と岩手国民高等学校」『立正大学人文科学研究所年報24』1986
◦ 松野尾裕「賀川豊彦と宮澤賢治 −新しい人づくり・新しい郷づくり−」『愛媛経済論集37 (1)』2017
◦ 九頭見和夫「宮沢賢治と外国文学 −童話「やまなし」の比較文学的考察(その1)」『福島大学教育学部論集. 人文科学部門61』1996
◦ 小田嶋恭、池田みよし、三浦敏弘「身体感覚を言葉で表現する言語活動に関する研究 −宮沢賢治のオノマトペを中心として−」『身体運動文化論攷5』2006
◦ 宮沢賢治・著／アーサー・ビナード・訳『雨ニモマケズ Rain Won't』今人舎 2013

太宰治
◦ 平岡敏男「太宰治の学生時代」『國文學:解釈と教材の研究8 (5)』1963
◦ 九頭見和夫『太宰治と外国文学 翻案小説の「原典」へのアプローチ』和泉書院 2004
◦ 石上玄一郎『太宰治と私 激浪の青春』(集英社文庫) 集英社 1990
◦ 木村久邇典『太宰治と私』小峯書店 1976
◦ 一般財団法人日本聖書協会 聖書本文検索 https://www.bible.or.jp/read/vers_search.html
◦ 滝川一廣「日本の近代化と「世間」の生成 −「世間胸算用」の世間、「人間失格」の世間、「自己・他者・「世間」の心理学」2013
◦ 安西啓二「増幅される〈笑い〉−太宰治「貧の意地」と井原西鶴「大晦日はあはぬ算用」−」『國學院雑誌117 (1)』2016
◦ 太宰治「新釈諸国噺」「お伽草紙」(新潮文庫) 新潮社 1972
◦ 太宰治「新ハムレット」『新ハムレット』(新潮文庫) 新潮社 1974

森山栄之助
◦ 杉本つとむ『長崎通詞ものがたり ことばと文化の翻訳者』創拓社 1990
◦ 早川勇『ウェブスター辞書と日本の夜明け 明治のリーダーは英語といかに向き合ったか』Independently published 2022
◦ 森悟「森山栄之助研究21」1989
◦ Günter Zobel「森山多吉郎とプロイセン人」『教養諸學研究119』2006
◦ 本木庄左衛門他・編『諳厄利亜興学』鹿児島大学附属図書館所蔵／国文学研究資料館掲載 1811

堀達之助
◦ 杉本つとむ『長崎通詞ものがたり ことばと文化の翻訳者』創拓社 1990
◦ 早川勇『ウェブスター辞書と日本の夜明け 明治のリーダーは英語といかに向き合ったか』Independently published 2022
◦ 堀達之助・編『英和對譯袖珍辭書』立教大学所蔵／立教大学デジタルライブラリ掲載 1862

ジョン万次郎
◦ 池田哲郎「四国英学史(下)−讃岐と阿波−」『英学史研究2』1970
◦ 田辺洋二「英語教育史に於ける発音の片仮名表記 −中浜万次郎『英米対話捷径』の表記を中心に−」『日本英語教育史研究2』1987
◦ 今井典子「明治初期における英語カタカナ表記の発音について −「密都爾(ミッチェル)」氏地理書直譯」の「例言」から−」『国際社会文化研究14』2013

清水卯三郎
◦ 今井博司『歴史に隠れた大商人 清水卯三郎』(幻冬舎ルネッサンス新書) 幻冬舎メディアコンサルティング 2014
◦ 乾隆「『英米対話捷径』と「ゑんぎりしことば」の音声学的考察」『英語英文学研究1』1995
◦ 清水卯三郎『ゑんぎりしことば』巻の[上]、下』早稲田大学図書館所蔵 1860

前島密
◦ 前島密『前島密 前島密自叙伝』日本図書センター 1997
◦ 武藤辰男他・編『新・日本語講座9 現代日本語の建設に苦労した人々』汐文社 1975
◦ 佐藤喜代治・編『漢字講座8 近代日本語と漢字』明治書院 1988
◦ F. W. イーストレーキ、棚橋一郎・共編『ウェブスター氏新刊大辞書 和訳字彙』三省堂 1888

大山巌・捨松
◦ 橘木俊詔『津田梅子 明治の高学歴女子の生き方』(平凡社新書) 平凡社 2022
◦ 久野明子『鹿鳴館の貴婦人 大山捨松 日本初の女子留学生』(中公文庫) 中央公論社 1993
◦ 窪薗晴夫『アクセントの法則』(岩波科学ライブラリー) 岩波書店 2020

若松賤子
◦ 小玉晃一『比較文学の周辺』(笠間選書) 笠間書院 1973
◦ 鴻巣友季子『明治大正 翻訳ワンダーランド』(新潮新書) 新潮社 2005
◦ 鈴木美南子「若松賤子の思想とミッション・スクールの教育」『フェリス女学院大学紀要12』1977
◦ 江川英「若松賤子の英詩と英文」『英学史研究』
◦ フランシス・ホジソン・バーネット・著／若松賤子・訳「小公子」『女學雜誌227』1890

斎藤秀三郎
◦ 神崎高明「英語の達人「斎藤秀三郎」」『Ex:エクス:言語文化論集9』2015
◦ 斎藤秀三郎『熟語本位 英和中辞典』岩波書店 1936
◦ 柳浦恭「斉藤秀三郎とスウィントン英文典」『千葉経済大学短期大学部研究紀要6』2010
◦ 伊藤裕道「日本における Complement「補語」成立の一考察」『日本英語教育史研究11』1996

山田美妙
◦ 吉武好孝『明治・大正の翻訳史』研究社出版 1959
◦ 山田美妙「正本はむれツと」『山田美妙集 第一巻 小説一 初期文集』臨川書店 2012
◦ シェークスピア・著／坪内逍遙・訳『ハムレット』早稲田大学出版部 1909
◦ 国立歴史民俗博物館・編／平川 南・編『文字がつなぐ 古代日本と古代朝鮮の文字文化交流』大修館書店 2014
◦ 山本いずみ「それぞれのハムレット」『名古屋工業大学紀要55』2003

新美南吉
◦ かつおきんや『人間・新美南吉』大日本図書 1983
◦ 赤座憲久、あかね・るつ『新美南吉覚書』国土社 1983
◦ 巽聖歌『新美南吉の手紙とその生涯』英宝社 1962
◦ 鷲津名都江「ようこそ「マザーグース」の世界へ」(NHKライブラリー) 日本放送出版協会 2007

※その他、多くの辞書・ホームページなどを参考にさせていただきました。

吾輩は英語がペラペラである

ニッポンの偉人に学ぶ英語学習法

著　大澤法子

1983年、愛媛県生まれ。神戸女子大学文学部文学科英文学専攻卒業、神戸大学大学院文学研究科修士課程修了。文学修士（言語学）。大学院修了後、実務翻訳や技術翻訳に携わるほか、日本文化やテクノロジーをテーマに寄稿を行っている。

監修　ジェームス・M・バーダマン

アメリカ合衆国テネシー州生まれ。早稲田大学名誉教授。プリンストン神学校修士、ハワイ大学大学院修士（日本研究）。1976年に来日し、数々の大学で教鞭をとる。著書に『毎日の英文法』シリーズ（朝日新聞出版）、『シンプルな英語で話す日本史』（ジャパン・タイムズ）、『日英対訳　世界に紹介したい日本の100人』（山川出版社）など。

イラスト　　雑賀建郎、仲原チト
デザイン　　萩原弦一郎（256）
校正　　　　株式会社鷗来堂、上保匡代、阿部薫
DTP　　　　株式会社センターメディア
印刷所　　　凸版印刷株式会社

企画・編集　澤田未来

この本は下記のように環境に配慮して製作しました。
・製版フィルムを使用しないCTP方式で印刷しました。
・環境に配慮して作られた紙を使用しています。